第2回
書誌調整連絡会議記録集

書誌コントロールの課題

2001

国立国会図書館　　編
日本図書館協会　　発行

Issues on bibliographic control
The 2nd conference on bibliographic control

第 2 回書誌調整連絡会議

平成 13 年 11 月 21 日（水）
国立国会図書館新館 3 階研修室

書誌コントロールの課題 ： 第 2 回書誌調整連絡会議記録集 ／
国立国会図書館編． － 東京 ： 日本図書館協会， 2002.7． － 78p
； 21cm
ISBN4 － 8204 － 0212 － 9　C3300　￥900E

t1. ショシ　コントロール　ノ　カダイ
a1. コクリツ　コッカイ　トショカン
s1. 資料整理法　①014

目　次

開会挨拶　　原田　公子（国立国会図書館図書部長）　　　　　　　　　3

報　　告　　国立国会図書館の書誌コントロールの取り組み　　　　　　5
　　　　　　　原井　直子（国立国会図書館図書部書誌課課長補佐）

講　　演　　全国書誌作成機関に求められる書誌コントロールの課題　　13
　　　　　　　根本　彰（東京大学大学院教育学研究科助教授）

　　質疑応答　　　　　　　　　　　　　　　　　　　　　　　　　　　49

講　　演　　NII－NDL間における書誌コントロールの課題　　　　　53
　　　　　　　宮澤　彰（国立情報学研究所教授・実証研究センター長）

　　質疑応答　　　　　　　　　　　　　　　　　　　　　　　　　　　73

閉会挨拶　　安嶋　和代（国立国会図書館図書部図書整理課長）　　　77

開会挨拶

原田　公子
（国立国会図書館図書部長）

　本日は、ご参加いただきありがとうございます。

　書誌調整連絡会議は、当館では書誌調整といっていますが、書誌コントロールについて、関係者と実務的な課題を共有し解決する場として、昨年から開催し、今回は2回目になります。

　当館は、基本的な任務として全国書誌その他の書誌や目録を作成・頒布してきました。とくに国内の出版物については納本制度によって出版物を受け入れ、全国書誌の作成と出版を行っています。その実務を通して、また併せて日本における書誌データの標準化・流通、書誌調整において一定の役割を果たしていくということは、現在もこれからも変わりません。

　一方、情報通信技術が大変な速度で進歩普及しています。文献自体が電子情報として生まれて、流通しています。ネットワークを通じてパソコン上で様々なリソースを利用できる、という状況がすでに実現して、計り知れない変化が生じています。書誌情報の分野にも影響をもたらしています。国内でも国際的にも、目録作成、書誌データ作成をとりまく状況は大きな動き・変化の中にあるということは参加の皆様すでにご承知のとおりです。

　このような今日の情勢の中で、国内あるいは当館の書誌作成、書誌調整について考えるとき、当館と関係機関・関係する幅広い方々との共通理解、具体的な事項や問題・課題についての連絡や意見交換、ときには協議がますます必要になってきた、このような認識のもとで連絡会議を設けました。

　第1回の昨年は「電子情報時代の全国書誌サービス」と題して開催し、永田治樹先生、上田修一両先生の講演と当館からの報告を行いました。

今回は「書誌コントロールの課題」というテーマのもと、研究者として根本先生、実証研究で実績のある宮澤先生、そして当館実務担当者という異なる立場、観点からの報告と意見交換を行い、課題と方向性を共有しようという内容・構成といたしました。

　大きなテーマであり、また「連絡会議」という名称とプログラムとの間にすこし隙間があるのではと疑問があるかもしれませんが、今後もこの会議を継続し、成果を上げていこうとしていますので、今の時期に書誌作成や書誌コントロールの全体状況、課題を共有することは重要で意味あることと考えての設定です。

　多くの参加者を得ての開催になりました。今回の連絡会議の成果を期待して、簡単ですが挨拶といたします。ありがとうございました。

[報告]

国立国会図書館の書誌コントロールの取り組み

原井　直子
(国立国会図書館図書部書誌課課長補佐)

1 書誌データに係る基本的な考え方

　国立国会図書館(以下NDL)におきまして、どのように書誌コントロールに取り組んでいるか、これからどのように実施していこうと考えているかを、簡単に話させていただきます。

　最初に、書誌データに係る基本的な考え方を説明します。つまり、NDLで書誌データについてどう考えているかということですが、二点あげたいと思います。

　一つは、書誌の作成・提供につきまして、個別にではなく一つの方針を策定して実施していくということです。平成14年4月にNDLでは組織体制が変更され、その中で書誌部というものができます。現状で三部に分かれています書誌作成部門を一つにまとめて、書誌作成を専ら任務とする部となります。この書誌部で書誌データ作成・提供を、その方針レベルからまとまった形で運営していくことを予定して準備しています。

　書誌部には、書誌調整課という課ができます。私が属しております書誌課を継承する課ですが、ここで書誌調整、書誌コントロールを担当します。書誌データ作成をまとまった部署で担当するというねらいに並行して書誌調整、書誌コントロールについても、これまでと違って一つにまとまった形で検討、実施を行うこともこの組織変更の目的の一つであり、書誌データに係る基本的な考え方の二点めでもあります。

2 書誌コントロールの具体化

では、その書誌コントロールというのは実際にどのようなことを考えているか、書誌コントロールはどのように具体化されるのかについては、大きく三つに分けて考えています。

一つめは書誌データの提供におけるコントロールです。これまでも全国書誌作成機関としまして『日本全国書誌』を刊行する、『JAPAN/MARC』を刊行すること自体によって、つまり、実際に書誌データ提供を行うことで書誌コントロール、書誌調整を実現しようとしてきました。今後もその手法というか、考え方自体は引き続き実行します。ただ、再度、『日本全国書誌』、『JAPAN/MARC』は現状のままでいいのか検討して、書誌コントロールに資するよう強化していきたいと考えています。

二つめとしまして、NDL以外の他機関との書誌に関連する調整や連絡を従来よりも積極的に行おうと考えています。

三つめは、日本国内だけにとどまらず、国際的にも書誌の世界の動きに対応する、また働きかけていきたいということです。

以上の三つを書誌コントロールの具体化の柱として考えております。これ以外にも考えるべきことが出てきましたら、課題として検討していきます。次に、この三つの柱の内容をもう少し詳しく説明します。

2.1 『日本全国書誌』のホームページでの提供

書誌データ提供における書誌コントロールの第一に『日本全国書誌』刊行を通じての実現があります。『日本全国書誌』につきましては、平成14年の4月から現在の冊子体のものをホームページ上で提供するという形に変更します。冊子の提供は当面引き続き行いますけれども、基本的にはホームページ上の『日本全国書誌』がメインになります。冊子体の方は、これを印刷したものを提供するという形をとります。このホームページ上の提供を中心に据えるという変更には、迅速化という目標があり、最終的には、今より少なくとも3週間は提供までの期間を

短縮できると考えております。実際には、調整期間も必要となりますので平成14年4月からすぐにではありませんが、落ちついたころにはデータの提供が3週間は少なくとも早くなる見込みです。その後、もう少しはさらなる期間短縮の可能性もあると考えています。また、ホームページ上での『日本全国書誌』提供によって、冊子体で提供するよりも広く提供できる、見ていただけるチャンスが増えることもこの変更の目的です。

2.2 『JAPAN/MARC』におけるフォーマットの変更

次に『JAPAN/MARC』におけるフォーマットの変更について説明します。平成13年の当会議でも若干説明しましたように、『JAPAN/MARC』のフォーマットを平成14年の4月より変更いたします。[注1]それとともに、リリース時期が違いますが、平成15年からUNIMARCフォーマットでの『JAPAN/MARC』提供も開始いたします。『JAPAN/MARC』を新フォーマットとUNIMARCフォーマットで並行して提供するということです。国際的な対応、標準化を考慮して書誌コントロールの一環として行うサービスです。

2.3 典拠データの提供

その次は、典拠データの提供です。著者名典拠録につきましては、平成13年1月31日に『NDL CD-ROM Line 国立国会図書館著者名典拠録 2000年版』を刊行しております。もちろん、パッケージでない典拠データも『JAPAN/MARC（A）』として提供しております。これからの書誌コントロールを考えていく上で、典拠データは重要であり、欠かせない要素です。書誌データと典拠データは、有機的に結びつく性格のものです。それぞれを単に提供するだけでなく、書誌データの中に典拠データの番号を埋め込んだ形で提供し、相互の連結に必要な情報を公開します。この点は『JAPAN/MARC』フォーマットの変更部分に当たります。

現在提供している典拠データは著者名の典拠だけですが、件名典拠についても将来提供していきたいと考えております。現在NDLでは著者名と件名の典拠デー

タは形式が一部異なるところがありますが、このあたりも統合の方向で現在整備中です。まだしばらく時間がかかりますので、件名典拠の公開時期についてお知らせできるような状態ではありませんが、いずれ公開していくつもりでおります。

2.4 書誌データ作成に関する情報の公開

　書誌データ提供における書誌コントロールとしているものの最後としまして、書誌データ作成に関する情報の公開があります。現在は、NCR（日本目録規則）のNDLにおける適用細則のうち、NCRの「第2章　図書」と「第9章　電子資料」に対応する2種類を公開しております。このうち9章の方は、NDLで電子資料の整理を始めまして2年程度経過しておりますので、この間の経験に基づいて改訂して提供したいと考えております。2章の方につきましても、必要に応じて今後も改訂していくことがあろうかと思います。

　その他に、「第13章　逐次刊行物」や非図書の章などにつきましてもNDLで適用細則を整備しまして、順次公開していく予定です。平成15年あたりから公開していくことになるかと思います。適用細則の整備作業には時間がかかりまして、すぐにとはいきませんが、整備が終わり次第公開していきます。

　また、NDCの適用基準なども既に公開しておりますが、これについてもできるだけ整備をして、さらに広範なものを提供していきたいと考えております。

　さらに、NDL独自の国立国会図書館分類表（National Diet Library Classification：NDLC）につきましては、改訂や追加部分を刊行しておりませんが、今後は冊子体での提供ではなくて、ホームページにNDLCの最新状況を掲載していく予定で、現在作業中です。作業自体は平成13年度中に終了する予定で、平成14年度にホームページに提供するつもりです。

　NDLで作成するメタデータにつきましては、「国立国会図書館メタデータ記述要素」をご覧下さい。これは平成12年に作成を開始しまして、平成13年3月7日に最終的に確定しました。この「国立国会図書館メタデータ記述要素」も、いずれ

ホームページ上での公開を予定しております。注2

『JAPAN/MARC』のマニュアルにつきましても、フォーマットが変わりますので、新しい版の刊行を予定しております。実は、予定より作業が遅れておりますが、できるだけ早く出したいと考えております。

このように、書誌データ作成に関する適用細則や提供フォーマットに関するマニュアルなど多様な書誌データに関する情報を積極的に提供していきたいと考えております。これらの情報の公開は、基本的には『全国書誌通信』という印刷物とNDLのホームページの「図書館へのサービス」という項目の中の「目録・書誌の作成及び提供」に掲載することになっております。平成14年10月にホームページ全体の構成に変更が予定されていますので、掲載場所はその時点で変わるかもしれませんが、内容は引き続き充実させていきたいと考えております。

以上が、書誌データ提供と書誌データに関連する情報公開による書誌コントロールと考えております。

3 他機関との連携

次に、他機関との連携についてお話しします。他機関との連携の第一として、書誌ユーティリティとの協力をあげたいと思います。書誌ユーティリティ、具体的にいいますと国立情報学研究所との協力、連携であり、NDLで運用しています総合目録ネットワーク参加館との連携です。第二は、書誌調整連絡会議、当会議の場を通じて意見を交換し、他機関との連携をはかりたいと考えております。

4 国際的な動向への対応

書誌コントロール具体化の最後の柱として、国際的な動向への対応をあげております。具体的には、例えば、先ほど述べましたUNIMARCフォーマットによる書誌データ提供があります。これは提供するフォーマットがUNIMARCであるということですが実はそれだけではありません。UNIMARCフォーマットで提供を行うために、作成時からデータ内容も国際標準にしたがっておく必要があるから

です。また、UNIMARCフォーマットをNDLで使用するからには、UNIMARCを維持管理者に対しても意見を伝えていく必要があります。こういったことを国際的な動向への対応と考えております。

現在、ご承知のように目録規則の世界で大きな動きがあり、ISBDやAACR Ⅱも改訂されています。日本でも国際的な動きに対応してNCRの改訂作業を行っております。NDLの書誌データにおきましても、これらの動きに対応していく必要があります。典拠データに関しまして、UNIMARC（A）フォーマットでは最近第2版を刊行しましたが、NDLでは検討しました結果、この第2版は採用しないことを決定しております。こういった国際的な動きには、このように採用しない場合を含めて対応していくことが必要と考えております。

国際的な対応につきましては、他に、ISOなどの規格に従うということがあります。ISOで決まっているコードの場合は、これ自体に変更がありますが、その変更にはきちんと連動して、NDLのデータで使用しているコードにおいてもその変更を反映させていきたいと考えています。

5 NDL内における書誌コントロールの取り組み

NDLで書誌コントロールの具体化として考えていますのはこれまで説明してきましたような内容です。最後に、NDL内の書誌調整のことをつけ加えてお話いたします。

従来、NDLでは書誌関係のデータベースというのは、和図書、洋図書、和逐次刊行物、洋逐次刊行物をはじめ、各種ばらばらに存在しておりました。和図書だけでも四つ、五つのデータベースが分かれて存在している状態でした。これらを一つのデータベースに統合しまして維持管理していこうとしているところです。実際はアジア言語で別データベースとなるものもありますが、それでもこれまでに比較すればかなり統合された形となります。統合作業はその準備を着々と行っている段階です。統合されたデータベースに、一本化した規則により書誌データ入力を行う予定で、館内の標準化、調整を現在進めております。一本化した規則

といいましても、資料種別による違いなどは当然存在するわけですが、統制のとれた形、基本のところは通じている形にするために努力しているところです。

NDLの組織変更につきまして、データ作成部門を一つの部に集約するということを最初に申しましたが、一つの部署で一つのデータベースに統一された方針のもとに書誌データを作成、提供していくというのが基本姿勢です。その入力時に使用する入力規則、マニュアルも一本化する、この作業を行うのが、書誌調整課であるという体制となります。また、規則やマニュアルだけでなく、書誌データにおいて使用するコードについても、これまでのデータベースごとに決めていたやり方を改めて、なるべく同一のコード、しかもできれば国際標準あるいは国内標準に合わせる方向で調整を進めております。国際標準、国内標準がない場合はNDL内の標準を決めております。

本日は非常に大まかで簡単な説明になりましたけれども、NDLで書誌コントロールをどのように考え、実行しているかにつきまして、以上で報告を終わらせていただきます。

注1　原井直子．"国立国会図書館における全国書誌提供の新方針"．電子情報時代の全国書誌サービス．国立国会図書館編．日本図書館協会，2001，p63-69．（書誌調整連絡会議記録集　第1回）．
　　　なお、変更後のJAPAN/MARCフォーマットは以下のページで公開している。
　　　国立国会図書館．JAPAN/MARC UNIMARC版フォーマット．（オンライン），入手先<http://www.ndl.go.jp/service/bookdata/ndlunimarc.pdf>，（参照　2002-05-13）

注2　平成14年1月より公開している。以下のページを参照。
　　　国立国会図書館．国立国会図書館メタデータ記述要素．（オンライン），入手先<http://www.ndl.go.jp/service/bookdata/ndlmeta.pdf>，（参照　2002-05-13）

［講演］

全国書誌作成機関に求められる書誌コントロールの課題

根本　彰
（東京大学大学院教育学研究科助教授）

はじめに

　私は「書誌コントロール」という言葉について、図書館情報学の方法論的概念と位置づけております。今想定しているのは19世紀後半以降の図書館制度でありますが、この近代図書館を書誌コントロールという概念のもとで考えていくと非常にわかりやすくなるのではないかというのが、1998年に刊行しました『文献世界の構造』（勁草書房）という本の主張です。

　その中心的概念は、書誌情報の共有による知識管理ということです。多分このシンポジウムの場では書誌情報そのものが問題になるのだろうと思いますが、私は書誌情報によって可能になる知識管理という部分も含めて書誌コントロールを考えております。そしてこの知識管理のもう一つの柱である社会制度としての図書館の研究もしながら、両者を合わせて知識管理の二つの型ととらえ、これらを明らかにすることが図書館情報学であるという立場から研究を行っております。今日は図書館制度の方の話は置いておいて、書誌情報そのものについてのお話をさせていただきます。

> ## 書誌コントロールとは
> - bibliographic controlの訳語
> - 「資料を識別同定し、記録して、利用可能な状態を作り出すための手法の総称。」(「図書館情報学用語辞典」)

　「書誌コントロール」という言葉については昨年のこの会議でご議論があったということで、公開された議事録を読ませていただきました。私は「コントロール」という片仮名で表記しているのですが、それについては後で申し上げます。ともかく「bibliographic control」という言葉の翻訳語であるということであります。現在の定義の例として『図書館情報学用語辞典』(日本図書館学会用語辞典編集委員会．丸善，1997)によりますと、「資料を識別同定し、記録して、利用可能な状態を作り出すための手法の総称」という非常にあいまいな言い方をしてあります。

> ## 言葉の略史
> - 日本の初出は報告書「日本における全国的書誌調整の改良とその国際的書誌調整との関連」(国立国会図書館文献書目日本ユネスコ調査班 1950)
> - 1973年のIFLAのUniversal Bibliographic ControlをきっかけにNDL内部で書誌コントロールの訳語を使い始める
> - 『図書館情報学ハンドブック』(1988)書誌調整
> - 1990年代前半「書誌調整を考える研究集会」(JLAの目録、分類、件名委員会の議論)
> - 『図書館情報学用語集』(1997)『図書館情報学ハンドブック』第2版(1999)は書誌コントロール

　どうしてこうなってきたかということを次に申し上げたいと思います。言葉の略史ということであります。日本で現在確認している限りでの初出は、1950年に「国立国会図書館文献書目日本ユネスコ調査班」がつくった報告書のタイトルに見られます。これは後で紹介しますが、1940年代の末にアメリカの議会図書館がユネスコと共同で世界の全国書誌を中心とした書誌サービスの調査を行いました。日本ではちょうど国会図書館（国立国会図書館）ができた直後であるわけですが、その調査依頼が国会図書館に来ているのですね。そこで行った調査報告書のタイトルが『日本における全国的書誌調整の改良とその国際的書誌調整との関連』であります。この「書誌調整」という言葉のもとが恐らくは bibliographic control だろうと考えています。まだきちんと確認したわけではないのですが、『文献世界の構造』で述べたように bibliographic control という概念がまさにアメリカ議会図書館の内部でこの時期につくられているのでそれは確実だと思います。

　日本では「書誌調整」という言葉がその後、50年代、60年代、70年代初めぐらいまで一般的に使われていたと思います。昨年、上田修一先生が紹介されたように、慶應から出ている *Library and Information Science* 誌に前嶋正子さんの「書

誌調整の歴史」という論文が書かれているのですが、それなんかが当時の国際的なbibliographic controlの流れを上手に紹介したもので、日本でもこの概念が「書誌」の「調整」という言葉で理解されていたということであります。

しかしながら、1973年にIFLA（International Federation of Library Associations and Institutions：国際図書館連盟）のUBC（Universal Bibliographic Control：世界書誌コントロール）が提唱され、これをきっかけに国会図書館の内部で「書誌コントロール」という言葉が使われ始めます。必ずしもフォーマルな使用法ではないと思うのですが、これはいろいろな文献に出てきます。どうして「書誌調整」ではなくて「書誌コントロール」になったのか、そこには単なる調整ではなく国際機関による標準化の要素が強まったことが関係していると思います。ともかく、70年代の前半ぐらいから「書誌コントロール」という言葉が使われ始めます。

70年代、80年代は両方の言葉が使われ続けました。私もずっと「書誌調整」という言葉を使っていたのです。1988年に『図書館情報学ハンドブック』（図書館情報学ハンドブック編集委員会．丸善）が刊行されていますが、その第4章は目録とか、分類といった整理技術を扱うところですが、整理技術の上位概念の部分の題目が「書誌調整」になっております。

90年代前半に日本図書館協会の目録、分類、件名委員会の議論の中で「書誌調整を考える研究集会」というものが開かれておりまして、目録とか、分類とか、件名といった図書館の整理技術の上位概念としての「書誌調整」の理解が、90年代になってからもまだ続いていたということであります。

今日の会議は書誌調整が大きなタイトルで、中で書誌コントロールと言っていて、両者の関係がどうなっているのか理解しにくいのですが、個人的には最近「書誌コントロール」という言葉の方が一般的に使われているかなという感じを持っております。例えば先ほど定義を紹介した『図書館情報学用語辞典』、あるいは『図書館情報学ハンドブック』の第2版（1999）については私も編集委員だったということもあるのですが、そうなっています。私もUBCの議論以来、国会図書

館の内部、あるいはその外側での用語として「書誌コントロール」が一般的になり始めたという感じを持っていますし、先ほどご紹介しました私の広い意味での書誌コントロール（bibliographic control）の理解からいうと片仮名で言っておいた方が無難なように思われました。「書誌コントロール」という言葉が一般にも使われ始め、私も使い、現在使っているということであります。

根本彰著『文献世界の構造：書誌コントロール論序説』(1998)

- 19世紀末：世界書誌
- 20世紀前半：ドキュメンテーション
- 第二次大戦直後：書誌コントロール概念の誕生
- 20世紀後半：国内レベルの書誌コントロール　←　世界書誌コントロール(UBC)

次に『文献世界の構造：書誌コントロール論序説』についてお話しします。19世紀後半以降、世界書誌の試みが幾つか行われております。有名なのは、ベルギーのブリュッセルで行われた国際書誌協会（IIB: Institut International de Bibliographie）による世界書誌づくりと、その分類体系としてのUDC（Universal Decimal Classification：国際十進分類法）をつくるというあの運動であります。本書ではそのあたりを紹介しながら、20世紀前半にそれがドキュメンテーションという概念に変わっていったことを検討しました。先ほども申しましたが、「bibliographic control」という言葉は第2次大戦直後にアメリカの議会図書館の内部で生まれました。アメリカの連邦政府が戦後の国際的な文化交流戦略を検討するなかで、ユネスコ設立をはかり、その業務の一環として国際的な書誌サービスの重要性が議論されます。これと連動しながら議会図書館がナショナルな

書誌計画と国際的な書誌調整の双方を検討するなかでこの言葉がつくられました。この辺については、向こうに一次資料を探しに行ったりしてほぼ突きとめられたと考えています。

　20世紀後半になりますと、国内レベルで書誌コントロールを行う、いわゆるnational bibliographic controlですね。それを世界的に調整していくという世界書誌コントロール（UBC）という概念。そういうインターナショナルの関係の中でこの概念を使っていくというのが一般的になって、それが現在に至っていると考えます。

> **講演の概要**
> - 1　書誌コントロールについて
> - 2　書誌コントロールの枠組みの変容
> - 3　国立国会図書館における書誌コントロールの課題

　以上が前置きでありまして、私がそういう概念として書誌コントロールを考えてきたということを踏まえて、今日お話ししたいことは大きく言って3点ございます。まず書誌コントロールをどういうふうにとらえるかということが第1点。2点目に、最近技術的変容等によって書誌コントロールの枠組みが少し変わりつつあるのではないかと考えておりますのでその辺の状況についてお話しし、3点目に、日本における全国書誌の作成機関としての国立国会図書館が担う書誌コントロールの課題ということで、外部から見ての幾つかの検討事項についてお話ししたいと思います。

1 書誌コントロールについて

> **1 書誌コントロールについて**
> - (1) 米国における概念の誕生
> - (2) 国立国会図書館の誕生と書誌コントロールの位置づけ
> - (3) 戦後の書誌コントロール体制
> - (4) 書誌的知識とは何か

　まず、書誌コントロールについてということですが、先ほど概念の歴史について触れましたが、もう少し歴史的な検討を行い、書誌的な知識というか、書誌コントロールで一体何が重要なのかの共通理解をもっておきたいと思います。

1.1 米国における概念の誕生

> **(1) 米国における概念の誕生**
> - 1946年11月ALAプリンストン会議「文化、教育、科学の国際交流に関する会議」
> - 第一回ユネスコ総会
> - アメリカの戦後国際戦略のなかに図書館事業を位置付ける試み
> - 国ごとに全国書誌を整備し、それを交換することで、個々の国の知的資源の総体を把握することができる

まず、アメリカにおける概念の誕生ということでありますが、まず確認しておきたいことは1946年（昭和21年）11月にALA（American Library Association：アメリカ図書館協会）がプリンストン会議というものを開催いたします。この辺の事情について詳しくは『文献世界の構造』をお読みいただきたいのですが、正式のタイトルは「文化、教育、科学の国際交流に関する会議」というものでありまして、この文化、教育、科学というのはユネスコに含まれる教育、科学、文化と順序は違いますが、対応しております。というのは、ヨーロッパの文化的な国際事業との関連で、アメリカがかなり強力に後押ししてユネスコというものができるのですが、これと連動して図書館関係者に何ができるかということを検討した会議であるからです。この会議のちょうど1週間前に第1回のユネスコ総会が開かれております。このプリンストン会議の推進役だったアメリカ図書館協会事務局長マイラム（Carl Milam）が出席していなかったのは、ユネスコ総会の方に行っていたわけですね。

　そういう中で何を議論したかというと、アメリカの戦後の国際戦略に図書館事業をいかに組み込むかということです。図書館関係者──この場合、主としてアメリカの大きな大学の館長が集まっています。館長は当然専門職図書館員です──が、特に文化、教育の戦略の中で図書館というものをどう位置づけるかということを議論したものです。その中の最初の検討事項として、先ほど枠組みについて若干申し上げましたが、国ごとにナショナル・ビブリオグラフィーをつくり、それを相互に交換することで国際的な文献の交換ができる体制をつくっていくのだという考え方が打ち出されるわけです。

　これ以外にもさまざまな文化、教育にかかわるような事項について議論しているのですが、やはり図書館ということで、書誌を中心とした戦略を中心に練っています。その背後にはアメリカは戦後、西側世界の盟主になっていきますが、そこにおいては地域研究（area study）が重要になるという考えがあります。つまり、世界の覇権を握るには各国のいろいろな地域、文化について研究していく必要があり、そのために情報を収集する必要があるわけですね。それを支えるため

に大学図書館がその国や地域の文献を収集することが非常に重要な課題になっていったわけです。資料収集の最初のステップは書誌的な調査ですから、世界各国がそれぞれ自国の全国書誌をつくっていくことで情報がそこで集約され、それを利用することでアメリカにとって、別にアメリカだけではないのですが、有利な情報収集が可能になるという考え方が基本的にあります。

> ## (1) 米国における概念の誕生（続）
> - LC館長Luther Evansが最初に使用した表現
> - プリンストン会議を受けて、LCが実施すべき書誌的なサービスについて、bibliographic controlと呼んだ
> - ユネスコ/LC書誌調査(1948-1950)
> - 国際書誌サービス改良会議(1950)

次に、この辺の中心になっていた人がだれなのかということでありますが、当時の議会図書館の館長だったエバンズ（Luther Evans）という人が推進役でした。エバンズという人は、もともと国際関係論の専門家で館長になってからユネスコの設立にも関わっていた人です。1950年代に議会図書館長を辞めてユネスコの第3代事務局長になり、特に万国著作権条約をつくることで、ヨーロッパとアメリカの著作権法の調整役を務めたことで知られます。

bibliographic controlという言葉は、このエバンズが最初に使用したことを示唆する証言が残されております。プリンストン会議では、bibliographic controlという言葉はまだ使われてはおりませんが、概念としては、先ほど申し上げたように各国ごとにbibliographic serviceを行い、それを国際的に調整していくという考え方が現れています。これは書誌コントロールそのものであり、特に議会図

書館が実施すべき書誌的なサービスについてbibliographic controlという言葉を使ったと考えられます。

　その後、1948年から50年にかけて、ユネスコと議会図書館が共同で書誌調査を行いました。これはさっき日本にも来たと申しましたが、各国の書誌サービスの状況を調査し、なおかつ国際機関等が書誌情報サービスをどのように実施しているか、あるいはどういう課題があるかということを調査したものです。その両者をあわせて報告したのが、1950年にパリで開かれました国際書誌サービス改良会議です。これには当時国会図書館の受入整理部長で先日亡くなられた岡田温先生が出席することになっていたようです。実際ヨーロッパに発ったらしいのですが、どうも間に合わなかったとかというのが記録には残っています。イギリスの図書館の見学報告が残されていますが、会議には実際は出席されていないのではないかと思います。ともかく国会図書館もこういう当時の国際的な、今の言い方で言えば書誌コントロール体制づくりにかかわっていたということであります。

1.2　国立国会図書館の誕生と書誌コントロールの位置づけ

> **(2) 国立国会図書館の誕生と書誌コントロールの位置づけ**
> - NDL創設時におけるClapp/Brown図書館使節の役割
> - 国立国会図書館法(1948)における、「国内出版物の目録又は索引」(7条)、「納本制度」(24,25条)、「印刷カード」「総合目録」(21条)
> - 開館後のサービス体制のDowns報告
>   整理技術の基準を示す
>   「雑誌記事索引」

では、国会図書館はどうかということでありますが、これは皆さんご承知のとおり、国立国会図書館は戦後、昭和23年に創設されるわけです。その前年、22年の12月くらいから議会図書館の副館長だったクラップ（Verner W. Clapp）という人とアメリカの図書館協会で活躍していたアイオワ大学図書館のブラウン（Charles Brown）という人、この2人の図書館の専門家が来日して国会図書館をどのようにするかということについてアドバイスしていって、彼らがつくった原案をもとに現在の国立国会図書館法[注1]ができ上がっていると考えられます。この1948年にできた国立国会図書館法の中で、皆さんご承知のとおり、全国書誌サービスを行うということが明記されているわけですね。後で細かいところを見たいと思いますが、7条に国内出版物の目録または索引をつくるとあります。それにかかわって24条、25条に（立法の時点では24条の2はないのですが）、納本制度が明記され、21条に印刷カードをつくるとか、総合目録をつくるということが書かれております。

　国会図書館はこの年の6月に開館しますが、その直後の夏に当時イリノイ大学の図書館長だったダウンズ（Robert B. Downs）という人が来日して、国会図書館のサービス部門、特に整理技術を中心とした部門に対するアドバイスをしていくわけですね。いわゆる「ダウンズ報告」によって整理技術の基準が示されています。最初はその基準のとおりに始まるのですが、途中で日本の状況に合わせて少し変っていった部分もあります。

　「雑誌記事索引」については最初のクラップ、ブラウンの勧告の中にはない話なので、ダウンズが残していったアドバイスに従ってできたものだと思います。これはアメリカでしたら、当時すでにH.W. Wilsonのような民間企業によって雑誌記事索引がつくられていたわけですが、日本にはないので、ほかの国でも余りない例ですが、国立図書館が一つの書誌の内部（コンテンツ）の情報にも踏み込んで索引化することがアドバイスされたのだと思います。7条で国内出版物の目録または索引という言い方をしており、法にも合致した措置であることは確かです。それが一番基本になりまして、戦後の書誌コントロール体制ができ上がって

いきます。

1.3 戦後の書誌コントロール体制

> **(3) 戦後の書誌コントロール体制**
> - 整理のための3大ツールは、JLAで管理
> - NDLは分類および件名については独自のものを作成
> - 個別目録作成＋印刷カード配布から
>   MARC＋書誌ユーティリティ体制への移行
> - J/MARCと民間MARCとのすみわけ
> - 書誌ユーティリティとしてのNACSIS＝NII
> - 書誌ユーティリティとしての出版取次/TRC

　ご承知のとおり、現在その整理技術のための3大ツールと呼ばれる目録、分類、件名の3つのツールは、一般的には日本図書館協会が管理するという形をとっています。ただし、分類と件名についてはこのNDL（National Diet Library：国立国会図書館）でも独自のものを作成して付与しているということであります。これは全米の標準MARCを作成しているLC（Library of Congress：米国議会図書館）においても同様ですが、アメリカでは大学図書館がLC分類表を使用し、またLCSH（Library of Congress Subject Headings：米国議会図書館件名標目表）は公共図書館も含めて多くの図書館で使用されている点が違います。

　次に技術的な進展ということでありますが、当初、個別の図書館による目録作成があり、また全国的な書誌サービス機関が印刷カードを配布するという形から出発して、現在はMARCが全国書誌作成機関によってつくられ、それを受けて書誌ユーティリティが図書館に向けてサービスを提供するという体制に変わって

います。これはアメリカあたりでは60年代前半から動きがあったわけですが、日本の場合は日本語処理の面倒さという問題もあって、おくれて、実際にこの体制がきちんとでき上がっていくのは80年代になってからだと思います。

日本特有の現象としては、『JAPAN/MARC』という国会図書館がつくっているMARCと民間MARCというものがすみ分けをしているということがあります。これについては後でまた触れることにします。

書誌ユーティリティとしては、かつてNACSISと呼ばれた現国立情報学研究所が提供している、主として大学図書館向けのものがあります。公共図書館はどうかというと、書誌ユーティリティに準ずるような存在として出版取次ないしTRCのような民間の機関があって、かなり集中的な目録作業を行い全国の図書館が目録データや資料の装備を購入していると考えられます。これが非常に大ざっぱに見た戦後の書誌コントロール体制ということであります。

1.4 書誌的知識とは何か

> **(4) 書誌的知識とは何か**
> - 図書館専門職の基本的知識
>   書誌的なネットワーク＋主題の知識
> - 整理技術が一部のセンターと大規模館、専門図書館にゆだねられ、図書館員の専門性低下と連動している
> - 書誌システムのブラックボックス化によって得られるものと失われるもの

書誌的な知識とは何かということですが、私はこの書誌という問題は、図書館

員が持つべき最も基本的な知識の一つで、恐らくは最も重要なものではないかと考えております。例えば本の目録をとるとか、あるいは本の分類ができる、件名が付与できるというのが一番基本なわけです。図書館員が持つべき知識はいろいろあるとは思いますが、そういう書誌的な知識というものが最も基本であり、さらに主題的な知識がそれに付け加えられるという形になります。ただし、主題というのは非常に難しい問題で、一般的には非常に大ざっぱなものにならざるを得ないのですが、専門図書館とか大学の部局図書館等ではより踏み込んだ主題に関する知識というものが要求されます。そのような場面で書誌的知識が、主題的な知識の不足を補う重要な手段にもなることもあります。

　昨今、書誌ユーティリティができて整理技術というものが非常に便利になったことと裏腹の話として、一部のセンター、書誌ユーティリティ的なセンターと大規模図書館、専門的な図書館に整理業務がゆだねられることで図書館員のもつ技術や知識の専門性が低下したということが言われます。私もその辺は非常に気になるところでありまして、目録のとれない図書館員というのは、いかにいろいろなサービスができても、問題ではないかと考えております。目録や分類を作成することは私の言い方をすれば「文献世界の構造」に特定の文献を位置づける作業であるわけですが、それは図書館員の基本中の基本の仕事であるからです。

　書誌システムのブラックボックス化がだんだん強まっています。OPACは非常に便利でありますが、その内部的な仕組みがどうなっているのかは図書館員にとっても非常に未知の部分が大きいわけです。例えばあるキーワードを入れると、A図書館で出てくる文献とB図書館で出てくる文献が違ってくる。たとえ蔵書が全く同じであっても違った結果になるというのは、そもそもコンピュータ目録以前の状況では考えにくいことではなかったかと思います。書誌コントロールとは、標準的な目録規則を使っていれば、どこでとっても原則的には同じものが出てくることを想定した仕組みで、カード目録の時代には確かに仕組みは目に見える形で存在したのです。書誌コントロールできないような状況というものが今生じているのではないかと感じております。

2 書誌コントロールの枠組みの変容

> ### 2 書誌コントロールの枠組みの変容
> - (1)情報環境の変化
> - (2)コントロールの対象と主体
> - (3)コントロールの方法の変化
> - (4)書誌情報の利用者

それで、その辺の事情についてもうちょっと考えてみたいのですが、4点申し上げたいと思います。

2.1 情報環境の変化

> ### (1) 情報環境の変化
> - 書誌ユーティリティ体制＝センター中心方式
>   ↓
> - インターネット時代の書誌コントロール
>   - 書誌ユーティリティ＋分散処理によるネットワーク方式
>   - 総合目録
>   - 横断検索

まず第1に、情報環境の変化ということであります。先ほど書誌ユーティリティ体制でセンターが中心となって目録をつくっていくという形式が80年代以降普及した形式だと申し上げましたが、昨今の状況がまた少しずつ変わってきています。基本的には書誌ユーティリティ的なセンターがあることについて変化はないと思うのですが、それにさらに分散処理によるネットワーク方式というようなものがつけ加わりつつあります。これは、さまざまな形での総合目録がつくられ始めて、横断検索、横断的な総合目録というようなものができ上がってきて、それぞれの図書館がインターネット上にそれぞれのWeb-OPACを上げることで、それをさらに横断的に検索できるような書誌的な装置がつくられるようになっているということであります。

2.2 コントロールの対象と主体

次に、コントロールの対象と主体ということであります。

```
(2) コントロールの対象と主体
  ■ これまでの対象
      ■ 図書
      ■ 雑誌、構成単位
      ■ 視聴覚資料
  ■ 変化
      ■ Localなもの
      ■ ネットワーク上の情報資源
      ■ マルチメディア
```

今のこととも関係あるわけですけれども、図書館そのものが図書、雑誌、視聴覚資料といった、いわゆる図書館資料というものを対象にしてきたわけでありますが、その場合、基本的に流通している商業出版物を中心に考えてきたという面

があると思います。図書でも、雑誌でも、視聴覚資料でもいずれも流通している標準的なものを想定してきていたわけですが、それが徐々に変化したということです。こういうものが中心であることはもちろん変わりがないわけですけれども、よりローカルなもの、グレイなもの、あるいはネットワーク上のマルチメディア情報資源のようなものが対象に加わり始めている。前からなかったわけではもちろんないわけですけれども、こういうものが図書館としても重要なリソースとしてとらえるようになってきているということです。

(2) コントロールの対象と主体（続）

- これまでの主体（中間的）
  - 国立図書館
  - MARC作成機関
  - 書誌ユーティリティ
- 変化（発信者が参画）
  - 情報発信者
  - コンテンツ作成者
- 自動コントロール？
  - サーチエンジン
  - メタデータ対応の書誌検索エンジン

　これまで書誌コントロールの構図は、書誌を作成したり流通させたりする機関が中心となってコントロールを行うもので、中間的な機関が間に介在したということです。この体制も基本的には変化していないのですが、若干変わってきている面として、発信者が書誌コントロールの主体になり得るような状況ができつつあると考えられます。

　今、メタデータというものがいろいろ検討されているようです。先ほども国立国会図書館のメタデータ開発という話がございましたが、情報を発信する側がそれにメタデータを付与して情報を一緒に発信するということですね。そうすると、コンテンツの作成者が同時に書誌コントロールの主体にもなるということで

す。それで終わるわけではなくて、メタデータ対応の書誌検索エンジンのようなものが開発され、それでウェブ上のコンテンツを検索することが行われるようになっていくだろうと思われます。発信者によるメタデータを受信者が直接検索するかたちですが、これは従来のセンター中心の書誌コントロールとはかなり違った形です。

　それともかかわりがありますが、これまでセンターがコントロールの手段を保持してきたわけですね。基本的な手段は目録とか、分類とか、そういうものでありますが、さらにそれをそれぞれの機関でどのように適用するかというマニュアル的なものがあるわけです。そういうものも含めてセンターがコントロールの手段というものを持って、それを使ってコントロールしてきたということになります。

2.3 コントロールの方法の変化

(3) コントロールの方法の変化

- 標準的書誌記述と標目指示
- 統制語による主題検索
  ↓
- 記述要素の拡大
- 記述要素の全文検索
- 自然語による主題検索？

核としての基本的書誌情報はセンターが発信すべきではないのか

　それが先ほどのメタデータ等で発信者が付与するということになってくるわけであります。これに近いことで既に起こっていることとして、記述要素をどんどん広げていくというものがあります。目次を入力するとか、表紙の写真を入れ

るとか、本文の数ページを入力するとか、索引を入力するなど、さまざまなことがもう既に行われています。記述要素の拡大は書誌記述の一部と考えるかどうかというのももちろん別の問題としてありますけれども、そういうことが行われ始めておりますし、さまざまな拡大された記述要素に対して検索をかけるようなことができるようになってくるわけです。例えば、目次に入力された情報を検索のキーワードとする主題検索も行われるようになってきているということであります。

　これは従来の目録規則とは別の部分ですね。目録規則は、資料の形態的・知的な要素をできるだけ文化的慣習に従った標準的なかたちで記述するためのものでした。その意味できわめて保守的な性格をもったものです。しかし、コンピュータによる検索技術は、文字列の一致という文化的な差異を飛び越えた強引な方法を採用します。どちらがいいのか一概に言えませんが、このような発信者＋受信者によるコントロールの仕組みがつくられつつあるということを覚えておいたほうがよろしいかと思います。

　こういう新しい動きがいろいろあるわけですが、先ほども国会図書館で今後どうするというお話がございましたが、私はやはり当面、基本的な書誌情報というものは、センターが発信していくという形に変更はないのだろうと考えています。

2.4 書誌情報の利用者

> **(4)書誌情報の利用者**
> - 出版関係者
> - 出版流通関係者
> - 著作権管理機構
> - 図書館
> - 一般市民
>
> - 自宅・職場からのインターネット利用
> - 検索インターフェースの向上

　書誌情報の利用者ということですが、もちろん図書館が一番先に想定されるわけであります。図書館が書誌情報を受け取って、それにさらに自分のところの所蔵情報をつけ加えて目録とすることが一般的に行われています。しかしこれは既に明らかでありますが、書誌情報は、知的生産にかかわる人たちすべてに何らかの形で関係しているということです。

　出版やその流通に関わる人たちは当然、書誌情報を利用します。出版情報のシステムは書誌情報を基本的なデータベースとしています。また、たとえば執筆者は引用であるとか参照ということでほかの知的生産物に依存せざるをえず、依存したことを示すために書誌記述を明記する必要があります。著作者の権利を守るための著作権管理機構というのが最近複数できてきましたが、そういうところも基本的に書誌というものが知的生産に関する情報ということであるとすれば、すべからく関係してくるわけです。

　言うまでもなく、書誌情報の最終的な利用者は一般市民です。今はインターネットで直接アクセスするということが行われておりますので、市民も容易に利用することができます。一般の人々が使うということで、その検索のインターフェ

ースが非常に向上しているということも生じていることであります。

3 国立国会図書館における書誌コントロールの課題

> ### 3 国立国会図書館における書誌コントロールの課題
> - (1) 納本制度と全国書誌
> - (2) 全国書誌の網羅性
> - (3) マルチメディア資料と書誌コントロール
> - (4) 全国書誌の配布方法
> - (5) 遡及入力の問題
> - (6) 主題検索の問題
> - (7) 書誌レコードの公共性

　以上、最近の比較的新しい事項について見てきたわけでありますが、国立国会図書館における書誌コントロールの課題というものを7点確認しておこうと思います。

3.1 納本制度と全国書誌

　まず、納本制度と全国書誌の関係ということであります。条文については先ほどもご紹介いたしましたが、現在の国立国会図書館法による基本規定というもので、この7条では「館長は、一年を越えない定期間毎に、前期間中に、日本国内で刊行された出版物の目録又は索引の出版を行う」ということになっております。これが現在の全国書誌サービスの根拠に当たる規定であるということです。

> ## (1) 納本制度と全国書誌
> - 「国立国会図書館法」による基本的規定
>   - 「館長は、1年を越えない定期間毎に、前期間中に、日本国内で刊行された出版物の目録又は索引の出版を行う」(7条)
>   - 「次の各号のいずれかに該当する出版物(機密扱いのもの及び書式、ひな形その他簡易なものを除く)を納入しなければならない」(24条、24条の2、25条)
>   1 図書　2 小冊子　3 逐次刊行物　4 楽譜　5 地図　6 映画フィルム　7 前各号に掲げるもののほか、印刷その他の方法により複製した文書又は図画　8 蓄音機用レコード　9 電子的方法、磁気的方法その他の人の知覚によつては認識することができない方法により文字、映像、音又はプログラムを記録した物

　ここで言う出版物とは何かについて規定し、これを実際どうやって行うかを規定するのは、納本制度についての24条、24条の2、25条ということです。ご承知のとおり、24条は官庁出版物、24条の2は地方公共団体の出版物、25条はそれ以外の民間の出版物ということですが、一律にここで出版物とされているものの形態として9種類列挙されています。9番目のものは納本制度の最近の改正でつけ加わったものです。図書、小冊子、逐次刊行物、楽譜、地図、映画フィルム、7番目に印刷その他の方法により複製した文書又は図画—「トガ」と読み、官庁用語で地図とか図面のたぐいです。8番目に蓄音機用レコードとこれだけ非常に古めかしい表現になっていますが、電磁的なものについては9番目に入るので、これはまさに旧方式の蓄音機のレコードということになるのでしょう。9番目に電子的、磁気的な方法で記録したもの、これがいわゆる電子出版物ということになります。

> ## (1)納本制度と全国書誌(続)
> - すべての種類の出版物の全国書誌はつくられていなかった
>   - 図書、小冊子、逐次刊行物
>   - 点字録音図書総合目録
> - 全国書誌サービスの新方針(平成14年4月実施)
>   - 収録対象資料 地図資料(一枚もの)、楽譜(一枚もの)、録音資料(音楽録音資料を除く)、音楽録音資料、映像資料、静止画資料、電子資料(映像資料、録音資料、音楽録音資料でもあるものは除く)、点字資料、マイクロ資料
>   - 納本制度との整合性

　まず、確認しておかなければならないのは、今アナウンスされているわけですが、来年4月からの全国書誌サービスの新方針というのが出まして、これで今挙げられた出版物がすべて全国書誌の対象になるということでありますが、逆に言えば、これまではすべての出版物が全国書誌の対象になっていたわけではなかったのですね。図書、小冊子、逐次刊行物についてはずっとつくられてきたわけですが、それ以外の楽譜とか、地図とか、映画フィルムとか、そういったさまざまな資料に関する全国書誌というのはなかったということであります。これについては私も前から法の趣旨からいっておかしいことだと思っていたのですが、ようやく来年からスタートするということで、その点、評価したいと思います。

　現在アナウンスされているのは地図資料（一枚もの）、楽譜（一枚もの）、録音資料（音楽録音資料を除く）、音楽録音資料、映像資料、静止画資料、電子資料（映像資料、録音資料、音楽録音資料でもあるものは除く）、点字資料、マイクロ資料といったものの全国書誌というものがつくられるということです。これで初めて納本制度とも整合性ができたということですね。館法ができて50年たってようやくそうなったということです。

3.2 全国書誌の網羅性

> **(2) 全国書誌の網羅性**
> - 依然として未解決（納本制度の問題）
>   - 官庁出版物
>   - 地方出版物
>   - その他gray literature
>   - 電子出版物はさらに範囲が不明確
> - 「出版」とは何か
> - national collectionの概念の明確化

　そのこととも関係いたしますが、2番目に全国書誌の網羅性ということについて申し上げます。網羅性に関してもやはり印刷物にこれまで偏っていたわけです。日本はあくまでも図書館であって、図書館の側のニーズとしても印刷物中心になるような要素が強かったことがあります。

　ただ、ちょっと余計なことかもしれませんが、付け加えておくと、American Memory[注2]という議会図書館の電子図書館のプロジェクトがあるわけですが、あれを見ると、いかに議会図書館がさまざまなメディアを蓄積してきたのかということがよくわかります。このプロジェクトのために集めたものもあると思いますが、例えば初期の映画のアニメーションであるとか、歴史的建造物の写真であるとか、非常におもしろいものがAmerican Memoryの中にあるわけですね。ああいうものは残念ながら国会図書館では余りないのではないか。電子図書館をつくるにも、現物資料の蓄積がどうしても物を言うことを示している一つの例として覚えておきたいと思っております。

　今ここで網羅性ということで申し上げたいのは、印刷されたものを中心とする出版物であっても、実はその網羅性を定義するのは難しいということです。実際

何をもって100％とするか、つまり出版物の範囲というのは非常に確定が難しいということです。恐らくは商業出版物、つまり民間の出版社から出て市場で流通しているような本については、まあ、100％とは言わなくとも、かなり高い網羅性があると思うのですが、官庁出版物であるとか、地方公共団体のものも含めて地方で出ている出版物、それ以外、グレイ・リタレチャー（灰色文献）と呼ばれるものについて『日本全国書誌』で100％であるとはとても言えない状況であるというのは、これまでも何度か調査が行われております。今回電子出版物が納本制度の対象になったわけですが、これはさらに難しいと思うんですね。

　つまり、ここで何をもって出版物と言うのかという問題がどうしても出てきます。従来の考え方で言えば、出版というものはある程度の資本が必要であって、それをつくるためにはあるレベルの民間企業であったり、官庁であったり、会社であったり、しっかりした機関というものしかできないということを前提にしていたと思います。ところが、このグレイ・リタレチャーだとか電子出版物というのは、要はだれでも出版者になれるという状況ができ上がっているわけですね。出版物について何部出版されるかということは基本的には問われていないわけでして、これは5部あるいは10部しかつくられなくても出版物だといえば出版物なわけですね。特に貴重な資料なんかはそういう例も実際あるわけです。そういうわけで、出版とはどういう営みであり、とくにその状況が少しずつ変化していることを押さえ、どの範囲のものを対象とするかということを、書誌コントロールを行うそれぞれの機関が考えていく必要があるのだと思います。

　そこで国立国会図書館で考える必要があるのは、ナショナル・コレクションという考え方です。国の機関がやるということで、ナショナルな範囲というものをある程度基本的に考えていく必要があるだろうということです。これは多分国会図書館の内部でも議論があることだと思うのですが、もうちょっと広い範囲を含めて、ナショナルな範囲でナショナル・ビブリオグラフィーにはどの範囲の出版物を入れていくのかということを考えておく必要があるだろうと思います。現在はまだ電子出版物もパッケージ系のものに限るとしているわけですが、これがネ

ットワーク系も含めるということになるともう収拾がつかない状況が来るのは目に見えているわけです。実際にはパッケージ系のものでも、だれもがCD-RだとかDVDを作成することができるようになったという点で同じですが。このことが網羅性ということで気になっているところであります。

3.3 マルチメディア資料と書誌コントロール

> **(3) マルチメディア資料と書誌コントロール**
> - 他機関との分担は：保存と全国書誌機能
>   - 映画フィルム（附則により納入免除）
>   - 東京国立近代美術館フィルムセンター 「フィルムセンター所蔵映画目録 日本劇映画」4,325本(3,153作品)
>   - 放送番組（規定なし）
>   - （財）放送番組センター放送ライブラリー
>   - 新聞（逐次刊行物）
>   - 日本新聞教育文化財団新聞博物館内新聞ライブラリー
> - 分担を明確にすべきではないか

ナショナル・コレクションをつくるナショナル・ライブラリーが作成するナショナル・ビブリオグラフィーというのは、すべてを対象とするというのではなくて、何らかの自己規定が必要になるのではないか、逆に言うと、他の機関との分担をこれから明確にしていく必要があるのではないかと考えております。例えばローカルなものについては県立図書館等との分担が必要でしょうし、学術資料については大学図書館等との分担が必要になってくるだろうということです。ここに今挙げたのはマルチメディア資料と書誌コントロールということで、例えば映画フィルムに関してはご承知のとおり、国立国会図書館法の附則で納本が一応免除されているもので、国立国会図書館に網羅的に集まってくるような体制にはなっていないわけですね。そのかわり、これを専門に扱っている機関としては東京

国立近代美術館フィルムセンターがあります。ここに至っても収集は網羅的ではないと言われているわけですが、かなりの日本映画を集めて管理して保存していることは確かです。最近『フィルムセンター所蔵映画目録 日本劇映画編』というのが出て、3,153作品、4,325本掲載されているそうです。これが映画についてのナショナル・ビブリオグラフィーのかわりになるものと思われます。

ほかの例として放送番組があります。これまで番組は基本的には出版物ではないと考えられてきていますが、今後の状況からいうと、こういうものもデジタルで作成され、保存もデジタルでということになると、出版物の一種として考えられないことはないと思います。現在横浜に放送番組センター放送ライブラリーというのがございまして、もちろんここも全然網羅的ではないと思いますが、ある種の放送番組を保存して閲覧できる体制が一応整っているわけです。

新聞に関してはもちろん納本の対象ですが、新聞協会との話し合いで寄贈扱いになっているという話です。少なくとも新聞に関して一応網羅的に国立国会図書館でも集めていると思います。これと並ぶものですが、放送番組センターと同じ場所にある日本新聞教育文化財団新聞博物館の中に新聞ライブラリーというのがあって、保存管理体制を持っています。

こういった機関との関連をもっと明確に考えていった方がいいだろうということです。この書誌コントロール、書誌調整の連絡会議という場はそうした議論をするのにふさわしいところです。網羅的なナショナル・ビブリオグラフィーの実現は一つの機関で無理なことは理論的に明らかであり、法的な面を含めて分担の体制を検討していく必要があると思います。

3.4 全国書誌の配布方法

> ### (4) 全国書誌の配布方法
>
> - **Web-OPAC**
> - 『JAPAN／MARC』:JAPAN／MARCフォーマットとUNIMARCフォーマット
> - 『日本全国書誌』:ホームページ上
>
> - 自由に利用できるものになるか

　4番目に、全国書誌の配布方法ということであります。既にWeb-OPACが戦後の和図書、洋図書に関しても一部ウェブ上で検索できるような体制になっております。一般の利用者にとって非常にありがたいものです。

　それから、これは先ほどご紹介があったわけですが、『JAPAN/MARC』の配布方法が変わっていくということです。それから『日本全国書誌』がインターネットで入手できるようになることがアナウンスされています。だんだんそういう形で一般の人も含めて書誌情報が利用できるような体制がつくられつつあります。私はこれらの動きは非常にありがたいと思いながらも、インターネットというものを情報基盤の基準に考えるような今の考え方からすれば、ようやく当然の措置が国会図書館でもとられるようになっていると考えます。

3.5 遡及入力の問題

> ### (5) 遡及入力の問題
> - Web-OPAC:和図書（明治期〜昭和22年受入分）や古典籍が予定されている
> - 法の趣旨から言って、戦後の「出版物」は検索可能であるべき

　5番目に、遡及入力という問題です。既にアナウンスされていますが、Web-OPACに戦前期の資料、明治以降から昭和22年までの受け入れ分の図書について検索できるようになる、古典籍についても利用できるようになるということです。また『日本全国書誌』にさまざまなメディアの資料が掲載されるようになるということですが、さらにこれらを遡及的に利用できるようにならないのかということについて、ぜひお考えいただきたいと思います。

　というのは、国立国会図書館法の7条で出版物の目録または索引を作成することが基本的に義務づけられているわけですが、先ほどの印刷物以外の資料に関する『日本全国書誌』というのがきちんとつくられてきていなかったということがあります。これについては、やはり遡及的に作成する義務があるのではないかと思うわけです。少なくとも戦後、昭和23年以降の24条に書かれている8種類の出版物に関しては検索可能になるべきではないかと考えます。これをぜひお願いしたい。

　次頁の図は国立国会図書館のホームページ上にあるものでありまして、現在に至るまでの書誌の収録体制がどうなっているかを示しています。

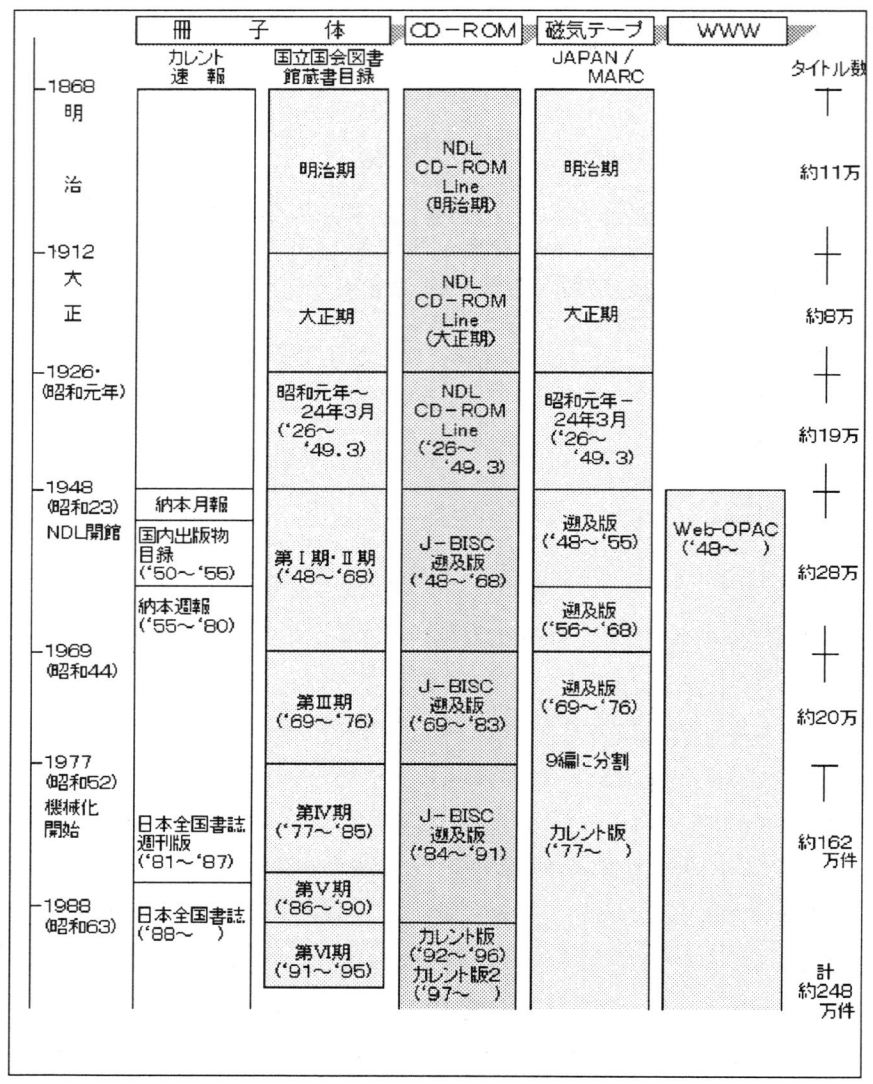

	冊子体		CD-ROM	磁気テープ	WWW	
	カレント速報	国立国会図書館蔵書目録		JAPAN/MARC		タイトル数
1868 明治		明治期	NDL CD-ROM Line (明治期)	明治期		約11万
1912 大正		大正期	NDL CD-ROM Line (大正期)	大正期		約8万
1926・(昭和元年)		昭和元年～24年3月 ('26～'49.3)	NDL CD-ROM Line ('26～'49.3)	昭和元年～24年3月 ('26～'49.3)		約19万
1948 (昭和23) NDL開館	納本月報	第Ⅰ期・Ⅱ期 ('48～'68)	J-BISC 遡及版 ('48～'68)	遡及版 ('48～'55)	Web-OPAC ('48～)	約28万
	国内出版物目録 ('50～'55)					
	納本週報 ('55～'80)			遡及版 ('56～'68)		
1969 (昭和44)		第Ⅲ期 ('69～'76)	J-BISC 遡及版 ('69～'83)	遡及版 ('69～'76)		約20万
1977 (昭和52) 機械化開始	日本全国書誌 週刊版 ('81～'87)	第Ⅳ期 ('77～'85)	J-BISC 遡及版 ('84～'91)	9編に分割 カレント版 ('77～)		約162万件
1988 (昭和63)	日本全国書誌 ('88～)	第Ⅴ期 ('86～'90)				
		第Ⅵ期 ('91～'95)	カレント版 ('92～'96) カレント版2 ('97～)			計約248万件

図 「和図書サービス一覧」 注3

時系列で上から下に流れているのですが、一番上が1868年(明治初年)から一番新しいところは1998年です。一番左側の列がカレントな速報で、これは昭和23

年の最初は『納本月報』と呼ばれていたカレントな速報誌であり、現在は『日本全国書誌』と呼ばれているものであります。2つ目の列が冊子体の蔵書目録で、これは明治以降、明治期、大正期、昭和元年から24年まで。それから、戦後の1・2期、3期、4期、5期、6期までですか、冊子体の目録がつくられていることを示しています。同じようにCD-ROMの目録、磁気テープのものがあります。一番右側がウェブ上のOPACで、戦後期のものが利用できるわけですが、ここがさらに明治までさかのぼるという話です。これと同じような体制を、ほかの種類のメディア、出版物にも広げていただければということであります。

3.6 主題検索の問題

> **(6) 主題検索の問題**
>
> - 文献検索における統制語検索の可能性
>   - 全文フリーワード検索の限界
>   ↓↑
>   - LCSHに匹敵する件名標目管理はできないのか
>   ・NDLSHとBSHの連携の可能性

　次に、主題検索という問題であります。先ほど申しましたように、私はセンターがやるべき仕事というのはまだ重要だと考えているのですが、そのうちの重要な柱としては、この主題検索の問題があります。図書館は最低でも分類記号をつけ、また件名を付与することで主題分析をしています。現在、全文フリーキーワードで検索することはかなり一般的に行われているわけですが、まだまだ洗練されているとは言い難いものだと思います。今後とも統制語による検索の有効性と

いうものは残っていくだろうと思います。そういう意味でこちらでは「NDLSH (National Diet Library List of Subject Headings：国立国会図書館件名標目表)」に基づく件名標目の付与をやっているわけですが、これはいろいろな意味で重要だろうと思います。

　ただし、日本ではLCの件名標目のような、きちんとした件名標目の管理はまだ十分に行われていない状況ですね。件名標目が普及しない理由はいろいろあると思いますが、特に学術図書館を広く含んで満足できるような件名標目表がつくられていないことが一番大きな原因だろうと思います。この辺については日本図書館協会がつくっている「BSH（Basic Subject Headings：基本件名標目表)」がありますが、その連携の可能性も含めて検討してほしいと思います。センター的な機関が件名管理をしっかり行うことが、今後とも図書館としての主題検索の有効性を示していく大きな力になっていくだろうということです。

3.7 書誌レコードの公共性

> **(7) 書誌レコードの公共性**
> - 情報基盤を支えるメタデータとしての書誌情報
>   - 出版流通：著作権管理：図書館目録
>   - 図書館界が一番ノウハウを蓄積している
> - 自由な流通のための検討（提言）
>   - J/MARCの一部制作委託（タイムラグの解消）
>   - CIP(Cataloging in Publication)の可能性
>   - 著作権管理との連携
>   - J/MARCのフリーウェア化
>   - ユニークキーの検討
>   - ISBNの問題点

　最後になりますが、書誌レコードの公共性ということを申し上げたいと思います。今はインターネット上にさまざまな情報があって、これを例えば検索エンジ

ンで検索させれば、かなりたくさんの情報が利用できるような状況ができているわけですが、それでもなおかつ書誌コントロールという観点からすると、きわめて図書館的な手法による書誌情報の管理というものはまだまだ有効性が大きいと考えます。この辺について、やはり全国書誌作成機関である国立国会図書館の役割というのはきわめて大きいと思います。

　書誌情報の管理という問題について、やはり図書館界及びその関連の業界を含めたところが一番ノウハウを蓄積しているところだろうと思います。例えば、典拠コントロールについて、やはり図書館関連機関が一番きちんと管理しているわけです。先ほども申しましたが、既に出版流通等に書誌情報が使われているわけですが、さらに、例えば著作権の管理であるとか、さまざまなものに広げていけるのだろうと思います。これまで書誌情報は主として図書館が使うという形で来たわけですが、つまり図書館の目録に転用するというような使い方が一般的だったわけですけれども、さまざまな知的生産物の管理全般に使えるノウハウがこの全国書誌作成機関、あるいは書誌ユーティリティといった機関に蓄積されているのです。

　これを使っていくために１つの提案をしたいのですが、ここでの基本は『JAPAN/MARC』のフリーウェア化ということです。現在でもWeb-OPACが自由に利用できるわけですから、検索したものに関しては自由に使えるような状態には一応あるのだと思いますが、書誌情報全体を自由に使える体制がとれるといいだろうと思うわけですね。こうなると多分多くの知的生産にかかわる機関にとっては非常に便利になるということです。フリーウェア化というのはインターネット上に基本的な書誌情報が自由に使えるような状態で置かれることを意味します。個々の機関はそれをもとにして、さらにそれに何らかの情報をつけ加えたり加工したりすることで別のデータベースをつくることができます。そういう体制を念頭に置いております。例えば図書館であれば、国立国会図書館が現在のWeb-OPACのような書誌情報に対する検索機能を提供するわけですけれども、それが各館の所蔵情報とリンクしていれば、必ずしもそれぞれの館が目録をつくらなくと

もいい。つまり、どこかのサーバに書誌情報が置いてあって、そこで検索したものが個別館の所蔵情報とリンクすることで、同時に目録という形で利用できるような体制ができるのではないかということがここでの基本的な発想であります。

そうしますと、多分最大の問題というのは、書誌情報作成のタイムラグということです。多くの図書館が『JAPAN/MARC』を使わない、あるいは使えないとする理由の多くは、どうしても遅れてしまうということですね。今の納本体制が出版された本がすぐ納本される仕組みになっていなくて、ある程度ためたものをまとめて納本するのでそこでタイムラグが生じるということがあります。だから、現在の体制では、タイムラグが生じてくるのはどうしてもやむを得ないだろうと思います。私はこの問題については、商業的に流通している資料について現在民間機関がMARCをつくっているわけですから、そういうところに業務委託という形でゆだねてもいいのではないかと考えています。そういう形をとれば、業務委託されてタイムラグなしにできたMARC（書誌情報）がフリーウェア化されて、すぐ検索あるいはダウンロードできるような体制があれば、それを使ってさまざまな人がさまざまなことができるようになるだろうということであります。流通しないものについては国立国会図書館が補っていくことになります。

それの別法としてはCIP（Cataloging in Publication）のように出版物に目録情報を刷り込むということです。これは昔からアイディアはあるのですが、なかなか実現しにくいものです。CIPは資料そのものが出版前に書誌作成機関に提出される制度ですから、日本の出版慣行では難しいと思います。したがって、実際にはISBNのようなユニークキーが刷り込まれ、書誌データベースが出版直後に作成されフリーウェア化して自由に利用できればいいのですから、これは結局、上のアイディアと同じことになるのだと思います。

メタデータのように資料の発信者が書誌データを付与することもアイディアとしてはありうると思いますが、データの質という点ではきわめて問題が大きいように思います。

さらに、これはちょっと夢物語かもしれませんけれども、著作権管理との連動

も考えられると思います。情報発信者が著作権登録している知的財産のデータベースというものがどこかで管理されるとすれば、それは基本的に書誌データベースと密接な関係をもつはずです。従来、手薄だった出版物以外の知的生産物、たとえば音楽著作物や写真、映像、プログラムなどの書誌情報化を進める契機になるように思われます。

　そこで、最後に問題になってくることはユニークキーということであります。例えば先ほど国会図書館が書誌データを早目に発信し、それを検索することで各図書館が所蔵しているものとリンクさせながら各図書館の目録にするようなことを申し上げましたが、リンクするときの手段がこのユニークキーです。図書であればISBNですね。これが重要なキーになるわけですけれども、この問題点が前から指摘されています。つまり、その管理が出版社が図書を商品として管理するのに都合のいいようなものとして扱われているので、図書館あるいは書誌作成機関が想定している一点一点を知的生産物とみるアイデンティフィケーションの考え方とずれが生じているというわけです。図書館の基準に合わないユニークキーになっており、使いづらいところがあります。この点に関しては、ある程度図書館的な基準、書誌コントロール的な観点に立ったISBNのつけ方を可能にするための協議が必要になってくるのではないでしょうか。書誌コントロールの考え方は図書を知的生産物と見る点で著作権管理とも近いもので、応用範囲は広いと思います。

おわりに

　以上、本日お話ししたことを振り返ってみますと、全国書誌あるいは書誌コントロールという概念がどこから来ていて、戦後の書誌コントロールの体制がどんなふうにつくられてきたかということをまとめた上で、国立国会図書館が国立国会図書館法に基づいてやってきた書誌レコードのつくり方、書誌コントロールの実現の仕方を検討してみました。最終的にセンター的な役割というものはどうしても残っていくだろうと思うわけですが、さらにそれを今のインターネットを前

提にした情報基盤という課題とあわせて、『JAPAN/MARC』のフリーウェア化による書誌情報の一般的な利用体制をつくるということにつなげていけないかという提言をさせていただきました。

注1　国立国会図書館法（平成12年4月7日改正）．（オンライン），入手先<http://www.ndl.go.jp/toukan/kanhou.html>,（参照 2002-05-13）

注2　Library of Congress. American Memory.（オンライン），入手先<http://memory.loc.gov/>,（参照 2002-05-13）

注3　国立国会図書館．和図書サービス一覧．（オンライン），入手先<http://www.ndl.go.jp/service/bookdata/wtosho.html>,（参照 2002-05-13）

● **質疑応答** ●

Q.1: 主題をコントロールするためのツールとしての国立国会図書館の分類表、件名標目表は、改訂を重ねつつ今後も同じように続けるのか、それとも考え直す可能性もあるのか。LCSHに関しては、アメリカだけでなく、広い範囲で使われている標準的なツールなので、全国書誌作成機関である米国議会図書館が作成する意味はあるが、国立国会図書館の場合、必ずしもそうではない。今後どうするのかを伺いたい。

A.1（国立国会図書館）： 国立国会図書館の課題の中で、この点が一番難題であると感じているところです。主題に関しては、課題であることは十分認識しておりますが、今後の方向性を明確に決めるほどの検討をしておりません。今後検討していくことになると思います。NDLSHは、どのように改善するかを考えていくつもりではおりますが、明確にお答えできるようなレベルの検討はまだしておりません。

　もう一つ、NDLSHを廃止することは考えておりませんが、どのようにこれを維持管理していくのか、根本から考え直す必要があるとは認識しております。ただ、検討には取りかかっておりません。

Q.2: 日本では納本制度があるにもかかわらず、この50年間ほとんど機能していない。つまり、出版社が実際に納本していない。それに関してなぜなのか、将来的に何とかなるのか、彼らが書誌コントロールに関して意識を持つのかが大きな問題だと思う。そうでないとしたら、もう少し体制を考え直さなければいけないのではないかと考えるが、その点について根本先生にご意見をお伺いしたい。

A.2（根本）： 私は特にそれにアイデアがあるわけではありません。戦前から取次というものはかなり強力に存在していた。戦後、それが今の日販と東販という

形に再統合された。もともと取次が基本的に情報機能を持っていて、書誌コントロールも自分のところでかなり早いころから始めてしまっている。そういう情報機能を持っていて、それが日本全国にかなり強力に張りめぐらされていた明治後半ぐらいからの慣行がずっと続いていて、出版社は、情報も流通も含めて取次にゆだねているという考え方が強いからだと考えていました。

A.2（国立国会図書館・補足）：　昭和23年から納本制度の施行に踏み切り、紆余曲折を経てきています。戦前になかった納本制度をどのように日本に根づかせるか。その便法の一つで納入窓口を一本化して納入していただき、そして代償金で納本制度を動かしています。ただし、納入の率に問題があることは確かで、今後も引き続き改善していかなければならないと思っています。

　全国書誌の網羅性についても補足します。館法第24条が官庁出版物、国の出版物の納入規定になっており、そこに書かれた対象資料群はすべて全国書誌に収録することが目標になっています。実は平成10年度あたりに、そこに図画、つまり地図・点字の資料等についてもデータを載せていくという、収録範囲の対象の拡大に取り組みましてそれなりの成果を上げております。新方針の中に書き込まれているものは、既に部分的に実績を積んでいます。

Q.3：　古典籍資料は、岩波の『国書総目録』が全国総合目録のような役割を果たしていると思う。古典籍のデータベース化も予定の中に入っているということだが、書誌単位や文字コードについて既にわかっていることを教えていただきたい。

A.3（国立国会図書館）：　満足がいただけるレベルの回答は、すぐできないのですが、文字に関しては、古典籍の部分は新字体に統一する形でデータを作成すると考えております。書誌単位は、割合まとめどり形式のものが多いと思います。

Q.4：　グレイ・リタレチャー、灰色文献についてのお話があったが、（国立国会図書館法のうち、納本制度に関する）条文を変えれば良いのではないかと思う。

21世紀になっても条文の変更はないのか。

A.4（国立国会図書館）： 納本制度は基本的なところです。制度と運用とは違うと思っていまして、制度自体を変えるのは、今回の電子資料、パッケージ系も含めて簡単なことではありません。非常に大変だというのは国会図書館全体として実感しました。

　運用については責任があるので、担当者ともどもやっていかなければいけないと思っています。

[講演]

NII－NDL間における書誌コントロールの課題

宮澤　彰

（国立情報学研究所教授・実証研究センター長）

はじめに

　こんにちは。今紹介いただきました宮澤です。

　根本先生が、研究者としての中立的な立場から、大変俯瞰的なお話をされまして、私にも大変勉強になりました。私の場合は、中立的ではなく、明らかに立場をしょっております。NII（National Institute of Informatics：国立情報学研究所）、日本の書誌ユーティリティとしての立場です。NIIもNDL（National Diet Library：国立国会図書館）も国の機関なわけでして、公式に言おうとすると、大変面倒くさいことが多い。国の機関ならずとも、図書館関係というのは公共的な組織であることが多いわけですから、大体単年度予算です。そのため、役人的な立場からお話をしますと、予算の裏付けのないことは言えないといったことになりまして、まことにつまらないことしか言えない。

　ただ、私は一方で研究者でありまして、多少微妙な立場におります。国立情報学研究所でやっています書誌ユーティリティのサービス事業について、直接の責任はありません。図書館向けのサービス事業を企画したり、方針を立案したりする委員会の委員長はやっておりますから、そういう意味では責任のある立場にいるわけなのですが、事務官のように直接に実行や何かに責任を持っているわけではありません。今日は、なるべく話をおもしろくした方がいいので、研究者としての立場からお話しします。ですから、あとで責任を云々するようなことは、言わないでください。また、私の話したことが全部できると思われると、情報学研究所だけでなく、国会図書館（国立国会図書館）の方も迷惑するのではないかと思いますから、その点、研究者としての立場で話していることをご理解ください。

1 書誌ユーティリティ
1.1 書誌ユーティリティの機能

　さて、最初に、根本先生のお話にもありました書誌ユーティリティという機関についてお話します。根本先生は、文献学的に大変きちんとした裏づけのあるお話をされますが、私は、そのあたり大変雑駁でして、書誌ユーティリティというのが何かとか、書誌ユーティリティの言葉の由来がどうだとか、文献に当たって、まともに確かめたことがありません。ただ、少しだけユーティリティという言葉を調べたことがあります。それによれば、ユーティリティというのは水道だとかガスだとか、そういった公共事業をいいます。書誌ユーティリティ、bibliographic utilities という言い方には、かなり初期の OCLC などで図書館側の持ったイメージがあるのではないでしょうか。端末に向かって何か入れると LC（米国議会図書館）のカードが出てくる。直接そこから出てくるわけではなく、次の週あたりになって送られてきますけれども、栓をひねると水道から水が出るように、端末から何か入れると目録カードが来る、そういうイメージとしてとらえられていたところがあると思います。

書誌ユーティリティの機能

- オンライン共同目録
- 総合目録
- ILL

　今言いました OCLC は、1960 年代の終わりに成立しています。実際のシステムのサービスは 1970 年もしくは 71 年ぐらいなんですが、そこから始まったというので、たかだか 30 年ぐらいの大変に若いものです。書誌ユーティリティがど

ういう事業を行っているかというのは、各国いろいろですが、一般的には、オンライン共同目録、shared cataloging というものを中心として総合目録をつくる。また、その総合目録を公開して、利用可能にする。さらに、その総合目録を中心として、ILL（Interlibrary loan：相互貸借）のメッセージ交換。ILL の申し込みから始まって、現物貸借ですと、返すところまでのステータス管理を含めたメッセージ交換をサポートする。こういうサービスを中心として行っている機関を書誌ユーティリティと呼んでいます。

1.2　各国の書誌ユーティリティ

　書誌ユーティリティの発達しているのはアメリカです。OCLC、これもちなみにという話ですが、Ohio College Library Center という名前で始まったのですが、その後で Online Computer Library Center という名前に変わりましたが、余りそういう略称だということを言わないで、単に OCLC Inc. と言っています。この OCLC が最初に成立した書誌ユーティリティであり、かつ今でも世界最大のものです。

　実は、アメリカにはほかに RLG（Research Libraries Group）という、これも有名な研究図書館のグループがありまして、ここが RLIN（Research Libraries Information Network）という同じようなシステムでサービスをしています。1980 年代に OCLC と競争して、双方から人が出ていって大学の勧誘競争をやる、そんな時代もありましたが、現在では大体オンラインの共同目録のためのシステムとしては、OCLC に押さえられたという印象です。RLIN の方は、各大学でできた目録を後からアップロードしてみんなで集めて使うような分野、あるいは OCLC でなかなかやってはくれないようなアラビア文字ですとかヘブライ文字での目録などを中心に活動しております。

　書誌ユーティリティができたころから、1970 年代、80 年代前半ころまでですと、大体今の二つに、UTLAS、WLN などが書誌ユーティリティであるとされていました。UTLAS は、University of Toronto Library Automation Systems という名前で始まったカナダの書誌ユーティリティ、WLN は、始まったときは Washington Library Network といいまして、アメリカのワシントン州ででき、その後、Western Library Network と名前を変えた書誌ユーティリティです。これが、1990 年代の後半になって、かなり動きが出てきました。UTLAS は営利団

体となり、商業主義の中で事実上消滅したと言っていいと思います。また、WLNは、OCLCの一部となりました。

　ということで、アメリカを見ておりますと、あるいはアメリカだけじゃなくて、カナダ、イギリスも含めまして英語圏を見ておりますと、OCLCがひとり勝ちをしているように見えるわけなのです。しかし、実はイギリス以外の大陸ヨーロッパを見ますと、大体どの国にも一つずつ、国がやっている書誌ユーティリティがあります。ドイツのように、二、三州に一つずつ、全部で6つあるという例もあります。

　例をあげますとオランダの PICA、スウェーデンの LIBRIS（Library Information System）があります。順番が変なんですが、この二つから名前を出したのは、両方とも古くて、70年代の初めぐらいからやっている例だからです。このほかに、フランスでは ABES（l'Agence bibliographique de l'enseignement supérieur）、ドイツでは、ベルリン及びブランデンブルク州近辺の KOBV（Kooperativer Bibliotheksverbund Berlin-Brandenburg）とか、ノルトラインウェストファーレン州及びその周辺の HBZ（Hochschulbibliotheken des Landes Nordrhein-Westfalen）とか、ヘッセン州の HEBIS（Hessisches Bibliotheks Informations System）とか、地方ごとに分かれてあります。

　また、小さな国ですけれども、デンマークですと DBC（Dansk Biblioteks Center—英語で Danish Library Center の意ですけれども—とか、あとは名前はすぐには出てきませんけれども、ノルウェーですとかイタリア、あるいはスロベニアなんていう国にまであります。

　これらは大体国の機関、あるいは国から予算の半分ぐらいをもらっているような機関としてつくられて活動しております。ただ、PICA というオランダの書誌ユーティリティなんですけれども、できたときは国の機関としてできまして、一時、オランダの王立図書館、オランダのナショナルライブラリの一部として活動しておりましたが、1990年代の半ばぐらいからどんどん国からの予算が減っていきまして、ついに国からの予算がなくなって、2年ほど前に有限会社になりました。去年あたりに OCLC が株の半分を買ったという話もあります。

　アジアでは、日本の NACSIS、今の NII というのがおそらく一番早く成立した例です。シンガポールの SILAS（Singapore Integrated Library Automation Services）も早い例です。最近で、書誌ユーティリティが成立した例としまして、

韓国の KERIS (Korean Education Research and Information System)。これは最初、日本語に訳した名称で言うと、尖端学術情報センターという名前で始まりました。その後、教育用の情報システムと一緒になりまして、2000年度からKERIS、韓国教育学術情報院というふうに名前が変わっています。それからCALIS (China Academic Library & Information System) というのが中国の書誌ユーティリティで、これが現在一番新しいと言ってもいいと思います。成立したのが98年で、去年サービスを始めたというものです。

　個々に言いますといろいろですが、少なくともこれらの機関の成立としては、国の図書館政策、あるいは高等教育政策に基づいています。予算の出方、あるいはそれが国の機関であるか外郭団体のようなものであるか、株式会社のようなものであるか、そのあたりは国によって異なりますが、少なくともできたときには国の政策によってできております。そうでないのは、OCLC、RLG です。むしろアメリカの方が特殊であるという言い方ができるかもしれません。

　もう一つ、これらの多くは大学図書館、あるいは研究図書館に重点を置いています。また、ほぼ排他的に大学図書館向け、高等教育機関の図書館向けというようなものもあります。その点、変わった例としましては、デンマークの DBC があります。何が変わっているかと申しますと、本格的に公共図書館と大学図書館とがほぼすべて含まれています。デンマークというのは、日本にとって余りいい例にはならないかもしれません。何しろ国が小さいですし、人口が500万人ぐらいのものですが、例えば大学が六つぐらいとか、そういう点で規模が全然違います。だからできることだと言えますけれども、公共図書館の目録をすべて DBC で集中作成しています。公共図書館には目録部門がないわけです。目録はすべて DBC がとる。完全に集中目録です。この DBC が全国書誌作成機関でもありまして、それに加えて大学図書館及び公立図書館を含む研究図書館に対して、オンライン共同目録のサービスも行っている。そういうような形で、これほど完全に公共図書館も大学図書館も含めた図書館ネットワークシステムを持っているところは余りないと言っていいと思います。フランスの ABES は教育省の下にありまして、NII と同じぐらいの意味で主として大学図書館向けのものですし、中国のCALIS や韓国の KERIS も、やはり文部省に当たる教育部の下の機関です。

さて、世界的に見ますと、一方に英語圏を中心に非常に大きいOCLCがあり、それ以外のいわゆる先進国では、国の施策による書誌ユーティリティが、大体一国に一つずつぐらいあり、主として大学図書館等の研究図書館がユーザーとなっている、というのが現状だと言えると思います。

1.3 書誌ユーティリティとナショナルライブラリ

> **書誌ユーティリティとナショナルライブラリ**
> - 伝統的ナショナルライブラリ
> - 技術オリエントな書誌ユーティリティ
> - 図書館のインフラとして
> - 各国における関係

　一方、ナショナルライブラリというのは図書館政策の一つの柱として世界的に認められているものと思います。そのナショナルライブラリとほとんど並立して国レベルの書誌ユーティリティがあるというのが、少なくともアメリカ、ヨーロッパ、アジアの先進国で大体でき上がった図式ではないかと見ています。この二つのうち、ナショナルライブラリというのは、国の政策でできておりますし、どのような機能を果たすべきか等の図書館政策的な議論を経て非常に確立したものになっていると思われるのに対して、書誌ユーティリティは、そのような位置づけが余りなされないで、各国ごとに発展してきてしまった部分があるかと思います。
　書誌コントロールという観点からいいますと、書誌ユーティリティの機能というのは、ナショナルライブラリの中でできてもよかったはずだということは考えられるんですが、実際にはそうならなかった。なぜそうならなかったか。実は、

オーストラリアのABN（Australian Bibliographic Network、2002年5月現在のサービス名称はKinetica）ですとか、スウェーデンのLIBRISですとかは、ナショナルライブラリの一部門として書誌ユーティリティ機能を持っておりますので、全部が全部そうというわけではありません。しかしアメリカのOCLCの場合を含めて、ナショナルライブラリの一部としてではなくできた場合が多い、というのは確かです。

　そうなった理由は、各国各国の事情ですので、一概に言うことは難しいのですが、あえて言うと、多少ここでは言いにくい話ですけれども、どの国でも一般にナショナルライブラリというのは伝統的（伝統的といっても、たかだか1世紀ぐらいの伝統だとは思うんですが）図書館の上に成り立っていて、情報技術のような新しいものにはなじみにくい、そういうプロフェッションとしてできている。それに対して書誌ユーティリティというのは大変技術オリエントで、特に書誌ユーティリティができた70年代から80年代にかけての状況ですと、かなり先進的な技術を持っていないと、つくることが難しかった。そういうプロフェッションというのは、伝統的な図書館の世界の職種とは別のものとして成り立っていた。そのために、ナショナルライブラリという図書館の世界で成立することが難しかったのではないかと思うのです。

　もちろん各国によって事情はいろいろです。また、書誌ユーティリティは図書館と全く独立にできるわけもありませんので、図書館に非常に近い世界の中で成立したのではあります。ヨーロッパの各書誌ユーティリティを見ましても、計算センターといいますか、大学の計算センターであったり、国の行政情報を扱っているようなセンターとか、そのような種が大体ありまして、それと図書館応用というのが結びついて書誌ユーティリティができた例がかなり多い。そういう点を見ても、やはりコンピュータ周りの技術的バックグラウンドというプロフェッションがないと成立しにくかったと言えると思います。

　もっとも、コンピュータの技術は、たちまちに一般化しましたので、事情は変わっています。20年前ですと、コンピュータでシステムをつくれるというのはある種特殊なプロフェッションだったと思うんですが、今では大したことはありません。別に、特別な知識等がなくても、ごく普通の常識があれば、普通の図書館員の集まったところで、金とある程度の暇さえあれば、発注すれば、何かはできるようになっております。書誌ユーティリティ程度のシステムでしたら、幾らか

かるかは知りませんけれども、つくれるというようなソフト会社は、今でしたら幾つでもあります。

　もう一つ、現在、ヨーロッパの書誌ユーティリティは大体技術的世代交代期にあります。これも各国、どういうタイミングにあるかはいろいろですが、大体90年代の後半からインターネットとかサーバ・クライアントとかダウンサイジングとか、そういう言葉に代表される技術的なプラットホームの一大変化が起こっておりまして、それに対応するために新しいシステムに変えつつある。変わったところもありますし、今やっているところもあります。そういう中でかなりはっきりしてきましたのが、図書館用のシステムをつくっているメーカーが、書誌ユーティリティのシステムに乗り出していることです。主にアメリカにあります3社ほどが、現在国際的な大手だと言っていいと思います。具体的には Endeavor 社の Voyager というシステム。これはアメリカの議会図書館が採用しました。それから Innovative 社の Innopac、会社の名前は忘れましたが、Horizon というシステムですね。これらに加えて、おもしろいことに、イスラエルでできている Ex Libris 社の ALEPH というシステム。こういった図書館用のシステムが乗り込みまして書誌ユーティリティのシステムを請け負う例がヨーロッパで最近幾つか出てきております。

　もう一つ、オランダの PICA という書誌ユーティリティは、先ほど株式会社になったと申しましたけれども、おもしろいことに、自分のところのシステムをドイツやフランスに売る、そういう商売もしております。そういう形になってきたというのは、要するに書誌ユーティリティのシステムがいわばお金で買えるものになってきた、自分たちでせっせと最初からつくらなくてもいいようなものになってきたということだと思います。

　書誌ユーティリティとここでは呼んでいますが、図書館ネットワークなど、他の呼び方もあります。そのような書誌ユーティリティと、いわゆるナショナルライブラリ機能を持った図書館とのふたつがあるというのが、実質的に現代の図書館のインフラストラクチャーになっていると思います。

　次に、この二つの間の関係という話に入ります。書誌ユーティリティとナショナルライブラリがどういう関係にあるか。先ほど言いましたように、スウェーデン、あるいはオーストラリア等の若干の国ではナショナルライブラリの一部門として書誌ユーティリティが成立しておりますが、その他のほとんどの国では別の

機関として成立しております。この関係は、例えばアメリカのOCLCとLCとの間の関係を見てもわかるように、非常にうまくいっているとは言えないというのが、大体どこの国を見ても言えることですね。

例えば、アメリカの場合ですと、LCは役所です。国でやっている。ナショナルライブラリはみんなそうですが、それに対してOCLCは独立機関です。Not for profitの機関だと言っていますけれども、あれだけの収入を上げているようだと、ほとんど大会社と言っていいぐらいの組織になっております。ですから、その間に利害関係というのは当然あるわけでして、もちろん協力関係もありますけれども、利害関係の衝突でうまく話が進まないということは多々耳にします。

それから、日本もそうなんですけれども、フランスも含めましてかなりの国で教育省関係が—したがって、大学図書館を中心とした書誌ユーティリティがあります。一方で、ナショナルライブラリは、文化省関係のもと、あるいは議会ということもありますけれども、別の役所の下にありまして、役所関係の縄張り争いで関係がぎくしゃくする、これも割合とよく見られる構図です。役所が違いますと話がうまくいかないというのは、別に日本に限らず、ヨーロッパを見ても、官僚機構というものの持っている性癖ですから、普遍的な現象です。

ただ、これらのいずれを見ましても、もちろん程度の差はありますが、書誌ユーティリティは全国書誌作成機関であるナショナルライブラリからのMARCデータの供給がないとやっていけない、これは確かです。それに対して、ナショナルライブラリの側が書誌ユーティリティを必要としているかといいますと、余りそういう例は見たことがありません。というのは、やはり後からできた書誌ユーティリティの方は、ナショナルライブラリとして必要とされる機能のちょっと外側にくっついたところで成立した。そういうものが成立したのは、歴史的に後であるから、ナショナルライブラリの機能というものにそれが使われることは余りなかったと言っていいと思います。これは日本に限らず、欧米を見ても大体そういうふうに私には見えます。

2 書誌ユーティリティと書誌コントロール

> **書誌コントロール**
> - 書誌レコード
> - 書誌記述の標準化
> - 資料に対するアクセスの提供
> - 総合目録の編纂と頒布

　以上で書誌ユーティリティについての話を終わりまして、書誌コントロールについてです。書誌コントロールの定義は先ほど根本先生からしていただきましたけれども、書誌レコード、書誌記述を含めて書誌を記録すること、その標準化、流通、総合目録の編さんと頒布など、広くとれば、それらを組織化することと流通させること。さらに広くとれば、その総合目録からアクセスできるような保存と収集サービスの体制も含めて書誌コントロールと言えるでしょう。ここまで含めるのはかなり広い意味かと思いますが、今、一応この話の中ではそのようなことだと定義します。

　先ほどの原井さんのお話にもありましたように、国会図書館のみならず、ナショナルライブラリというのは書誌コントロールを主に担っておりまして、例えば全国書誌の作成、それから納本制度、これは一体のようでもありますけれども、別にやっているところもあります。それから、納本されたものを保存して以後のアクセスを保障する、そういった機能を担ってきました。

ナショナルライブラリと書誌コントロール

- 全国書誌の作成
- 納本制度
- 保存図書館

書誌ユーティリティと書誌コントロール

- 目録作成と書誌コントロール
- 書誌ユーティリティの国際的接続

　これに対して書誌ユーティリティは、ナショナルライブラリの書誌コントロール機能で作成された全国書誌を、そのユーザーである図書館に提供して、それを中心として総合目録を作成していくという形で、書誌コントロールのかなり大きな部分を担ってまいりました。現在、ヨーロッパ・アメリカ間、あるいはヨーロッパ同士等の間で進みつつあることのひとつとして、書誌ユーティリティを国際的に接続するという機能が、部分的にではありますが、実現しております。例え

ば、書誌ユーティリティのうちに含めるかどうかちょっとわからないんですが、イギリスの CURL（Consortium for University Research Libraries）というところとアメリカの RLG（Research Libraries Group）、これもリサーチライブラリの連合でありますけれども、そこのサービスの中で、CURL のデータベースを見に行くことができる、そういうサービスを 2 年ほど前からやっております。

　同様のことを、現在、国立情報学研究所の書誌ユーティリティである NACSIS-CAT と RLIN の間、それから OCLC 等との間でも行えるようにしようということを計画しております。従来、このようなものは、全国書誌作成機関などのつくった、例えばアメリカの LC のつくった MARC をテープ等の形で買ってサービスするということで、国レベルの書誌コントロールから世界的な書誌コントロールへの道というのが考えられていたわけなんですが、それがテープのようなオフラインの形でなく、書誌ユーティリティ相互をオンラインで結んでしまうことによって国際的な書誌コントロールのデータの流通の面が実現しつつある。現在、そういう段階に入ってきているということが言えます。

　もっともここで厄介な問題があります。経済問題なんです。例えば、OCLC にしても RLIN にしましても、自分のところの総合目録データを提供する、検索させるサービスで収入のかなりの部分を得ているわけです。それに対して NACSIS の場合には Web-CAT というサービスで書誌データをただで世界中にアクセスさせているわけですが、これを相互に検索できるようにしますと、当然 OCLC 側としてはそういった検索に対して料金を請求してくるわけです。一方、こちらから OCLC にそういう情報を提供したときには、少なくとも現在のところは料金は取らない。これは、確かにアンバランスです。不公平ではないか、という考え方は当然あるわけです。では、金を取ればいいのか、といいますと、少なくとも、われわれの現在の状況では、いろいろ難しいことがある。ひとつには、国として料金を取るというのは、役所的に手続き等大変なことが多い。また、市場的にも、こういうものの値段が一体どう決まるかというのが大変わかりにくいところがあります。大体原価計算なんていうのはしようもないところがありまして、どうもそういう工業生産品的な値段のつけ方はできないわけです。

　現在のところ、私が見るところでは、お金を取って商売としてやっていける目録データは世界中で英語の書誌データだけだと思います。フランスやドイツの書誌データでも金を取って成り立つほどには客はいない。ましてや日本語などでは、

全世界を集めても、経済的に成り立つほどの額にはなかなかならないわけです。こういうのは情報と経済の問題です。ともかく、国際的な書誌コントロールという理想では、書誌データが流通するのは大変に望ましい。それによって各国の情報の流通が非常によくなって、全世界的な文化の進歩に寄与するんだという、一方の理想論と、実際にこういう書誌ユーティリティのようなシステムが成立している経済基盤との間で大変に難しい局面が実際出てきております。今のところは相対でもって話をつけていくしかしようがない。なるべく理想論を振りかざしながら、結局は何ぼだ、まけろとか、そういう話になってくるわけです。

　さて、現在のところ、書誌コントロールという点で書誌ユーティリティとナショナルライブラリとの関係は、流通の面はほとんど書誌ユーティリティに任されてきている。しかし、それは全国書誌というものをつくっているナショナルライブラリの機能なしには、どこの書誌ユーティリティも成立はし得ない、そういう関係にある。ところで、逆に書誌ユーティリティがないとナショナルライブラリが困るかというと、流通の部分をほとんど引き受けてくれたというだけで、逆側のメリットはそうはないという関係にあるということです。

3　NII-NDL間の協力の可能性

　さて、今までお話ししたのは、一般的な状況でありました。ここからいよいよ、具体的に日本の書誌ユーティリティであるNIIとナショナルライブラリである国会図書館がどういう協力ができるか。あり得るかということを、思いつくままに、アイデアの段階ですが、お話ししたいと思います。あるものは単に夢のようなものであるかもしれないし、あるものはかなり実現性のある話になるかもしれません。

3.1 総合目録作成

> ### 総合目録作成における協力
> - 全国書誌の補完
> - より広い総合目録

　最初は、総合目録による全国書誌の補完が可能ではないかというアイデアです。先ほども納本制度の運用が不完全ではないかとか、そういう指摘がありました。納本制度がかなりうまく運用されている国でも、決して納本率100％というのはないでしょうね。これは何が100％かという、先ほどの出版というのが何かとかいった問題と関係しますから正確には言いようのないことではあります。これに対して、図書館という世界で見る限りでは、もし完全な図書館の総合目録があれば、その中で、納本制度等で補足されなかった分の書誌データは補足されるでしょう。もちろん図書館を通らないで流通していく本は何ともしかたがないんですが。もちろん、納本率100％と同じように、完全な総合目録というのもありえないことです。しかし、書誌ユーティリティに参加している図書館が十分多数で、かつそれらの図書館が全国書誌になかったような本の書誌データも作成している、こういう二つの前提を置けば、書誌ユーティリティの総合目録を補完的に全国書誌のデータとすることが可能でしょう。ただし、ここで書誌データの使用権や、使用料金が絡むと、話は厄介になりますが。

　ここで一つ、書誌コントロールにおける枠のことも考えざるを得ません。全国書誌は、出版した機関とそれの属する国という枠があるわけですね。それに対して総合目録というのは、必ずしも国という枠ではなくて、総合目録の参加機関と

いう枠があります。それに対して、資料自体の出版地等の枠はありません。要するに全国書誌というのは基本的に日本で出版された本にとどまるのですが、総合目録というのを幾つかの図書館が集まってつくれば、どう考えても外国の本が入らないわけはない。そういう点で、総合目録という観点は全国書誌というものを超えていると思います。これはもちろん国会図書館にしたってそうなわけで、国会図書館の蔵書は全国書誌に含まれているようなものだけでないことは当然なわけです。外国の本も買いますし、納本制度で来るものに限らない。これは当然のことでして、それらの間におけるより広い総合目録というものが可能になっていくという協力関係があるだろうと思います。

3.2 典拠データ作成

典拠データ作成における協力

- 日本版NACO？
- より広い人に関する総合データベース？

今まで申しましたのは書誌データの分野ですが、次に、非常に大きな可能性のある分野としまして、典拠データ、特に著者名の典拠分野があると思います。件名等の方は、この際置いておきます。著者名典拠データの作成における協力というのは非常に有効になり得る分野の一つだと思います。ご存じの方も多いと思いますが、アメリカでは NACO（Name Authority Cooperative Program）と呼ばれる、著者名典拠データのかなり広い範囲での、作成における相互協力が行われております。それに当たるようなことを日本で行うことが可能だろう。その点、

NACSIS-CATの中で行われている著者名典拠データの作成は、原則としまして全参加館における著者名典拠データの共有と共同作成という方式をとっていまして、これは実は世界的に見ても余り例のない方法です。NACOなどは、どちらかというと参加館を絞り、そういうことのやれるところだけで作成する方式が多い中で、どちらかというと特殊な例かと思いますが、そういう形でつくってまいりました。

　典拠データ作成の際には、国会図書館の典拠データというものを当然参照にしてはおりますが、今回、国会図書館の方の全国書誌の作成においても、書誌データと典拠データの間の機械的なリンクが保障されるようになる。そういうふうになりますと、二つのシステムの間の不整合というものが問題になっていくわけですね。こっちはこっちでちゃんとリンクの整合性がある、あっちはあっちでリンクの整合性がある。ところが、一緒にしてみたら整合性がなくなるということがあると話が大変面倒くさくなるわけでして、この間での何らかの協力はぜひ望まれるところだと思います。

　この点でNACOというアメリカでやられているものは、ある程度のモデルにはなりますが、全く違うと言ってもいいんじゃないかと思います。といいますのは、アメリカでやられているのは、こっちはこっちで典拠の閉じたシステムがあって、こっちはこっちで閉じたシステムがあってというわけではなくて、LCの閉じたシステムに対する入力をいろんなところからやる、そういうモデルですね。それに対して、2か所で閉じたシステムがあってというものをどうやって協力していこうかというのは、モデル的に大変難しい話になります。

　幾つかのやり方が技術的には考えられます。ただ、一番好ましいのは、二つをあわせて一つの閉じたシステムとするのが最もすっきりしたシステムになります。具体的にどうするかというのは、やるとなったら考えてみますけれども。二つのシステムを合わせて一つにするというやりかたの例としては次のようなものが考えられます。場所はともあれ、あるいはコピーを両側で持つかどうか、そこら辺はともかくとして、要は全く同じ典拠ファイルを持ちまして、例えばNACSIS側から入れたものが国会図書館での典拠の認証システムに入って、その場所で直される、あるいは判こが押される。国会図書館の方で入れたものはそのままNACSISの方にも入っている。参照ファイルといったような間接的な関係でなくて、そういうシステムをつくってしまうというやり方が一つ考えられます。

これをさらに広げたやり方というのも考えられます。著者名典拠作業のデータのトリガーというのは、本が出版されて、その本が目録作業というところに回ってきて、その時点で見た人名というのがトリガーになるわけです。これに対し、国立情報学研究所でこれまでやっておりました研究者ディレクトリは、日本の大学環境における研究者を網羅的に調べたデータベースですが、ここに入っている人は、すでに著者となっているか、今書いていなくても潜在的には本を書くであろう、しかも学術的な本を書くであろう候補者なわけです。もちろんそういう人たちだけしか本を書かないわけではなく、ほかにも大勢いますけれども。こういうデータベースと著者名典拠ファイルとの連携ということも十分考えられるテーマだと思います。どのような形で連携するのが良いかは、検討の必要がありますが、私個人としては、やりがいのある、また、どちらにとってもメリットの大きい協力のテーマではないかと考えてはおります。

3.3 ILLにおける協力

ILLにおける協力
- 単一システム集中型
- 分散型

　最後になります。ILLというのが書誌コントロールに含まれるかどうかは多少微妙ですが、総合目録等の書誌的なデータからの現物に対するアクセスを保障するという点では、広い意味での書誌コントロールの一種だと思います。
　実は、ILLにおけるNDLとNIIの間の協力は以前からありまして、NACSIS-ILL

の中で満たされなかったILL要求について、国会図書館の方にその帳票をそのまま自動的に送ることができるという形のシステム的リンクがあります。(なお、同様のリンクを英国のBLDSC (British Library Document Supply Centre：英国図書館文献供給センター) との間にも持っています)。この方式では、二つの単一システム集中型の ILL があるわけです。どういうことかといいますと、NACSIS は NACSIS で一つのメッセージボックスを持っていまして、全参加館がここに見に来る集中型の ILL メッセージシステムです。NDL もまた、そういう集中型の ILL のシステムを持っているわけです。もっとも、NDL の方は、受付だけなので、他の図書館が見に来ることはありませんが。このように、NACSIS と NDL の双方が、集中型の ILL システムを持っているわけです。

これに対して最近、分散型のILLシステムというのが考えられております。ISO の ILL プロトコルというのがそうなんですが、依頼側も受付側もそれぞれメッセージを保持して管理する。その間のやりとりの方式と、それに伴う状態遷移を定めるプロトコルです。これが、依頼館と受付館の直接のやりとりだけでなく、二つの集中型の ILL システムの間をつなぐのにも使うことができます。二つの集中型の ILL システムの間を分散型だと思ってつなぐという方式です。NACSIS と NDL の双方の集中型の ILL メッセージシステムも、この間を ISO の ILL プロトコルで結ぶことができるわけです。もっとも、そのためには双方のシステムにILL プロトコル用のインタフェースがいりますが。

現在 NII と OCLC の間で、あるいは NII と RLIN の間で話していることですが、お互いの集中型の ILL システムを ISO ILL プロトコルでつなごうという計画があります。OCLC のシステムから NACSIS の参加館に頼むことができる、NII のシステムから OCLC の参加館に頼むことができる。そういうことを実現するのには、ISO の ILL プロトコルを使うのがいいということになりました。また、BLDSC でもこのプロトコルを使うことを進めておりまして、NII から BLDSC への依頼も ISO ILL プロトコル経由にする予定です。ILL システム間でのリンクを ISO ILL プロトコルで行うことは、NII と OCLC の間だけでなく、ほとんど国際的な合意となりつつあります。

現在、国会図書館の方でも ILL のシステムの更新を図っておられるようです。現在 NII と NDL をつないでいる方式というのは、いわば特殊な方式ですが、今後の一般化を考えると、国会図書館の ILL システムと NACSIS·ILL システムの

間も同じように、ISO ILLプロトコルでつなぐということが今後とるべき方向かなと私は考えております。そうすることによって、NIIと国会図書館だけでなく、海外を含めたいろいろなILLシステムとの間ですべてやりとりができるようになる。こういう協力関係というのはぜひ考えていかなければいけないと思っております。

おわりに

　協力というのは、NIIと国会図書館の間だけじゃなくて、書誌ユーティリティ同士でも、あるいはナショナルライブラリ同士でも、いろいろな形での協力があり得ると思います。ナショナルライブラリというのは、これまで割合と完結したシステムとして ― 閉じこもったという意味でなく、自分が中心にあって、そこからは出ていくだけというものとして ― 動いていました。これは日本の国会図書館に限らず、世界のどこでも見られる傾向だと思います。それが、書誌ユーティリティという書誌コントロールにおけるある部分を担う機能が出てきたり、いわゆるグローバリゼーションによってILLも国際的になりつつある。まだ、本当に国際的になってはいませんけれども、なるであろうということです。そういうふうになりますと、ナショナルライブラリだとか書誌ユーティリティだとかいうものがぽこぽことあちらこちらにある。これらの間の関係、これらの間の広い意味でのプロトコルをつくっていくことが必要な時代に入ってきたのだと思います。この、広い意味でのプロトコルには、情報の流れだけでなく、金の流れもそれに絡むので難しいのですが、国際的にそういうプロトコルや体制を確立することがいるのだと思います。NIIとNDLとの間の関係も、そういうものの一つになるだろうと考えております。ただ幸い、どちらも日本の国の機関ですので、少なくとも外国とやるよりはうまくいくことを望みたいと思っております。

　以上で私のお話を終わります。どうもありがとうございました。

注　本文中に登場した機関等については、以下のページを参照（URLはすべて2002.5.13現在）。

ABES	http://www.abes.fr/abes/
ABN	http://www.nla.gov.au/abn/
BLDSC	http://www.bl.uk/services/document/dsc.html

CALIS	http://www.calis.edu.cn/
CURL	http://www.curl.ac.uk/index.html
DBC	http://www.dbc.dk/index.html
HBZ	http://www.hbz-nrw.de/
HEBIS	http://webcbs.rz.uni-frankfurt.de/
KERIS	http://www.keris.or.kr/
KOBV	http://www.kobv.de/
Kinetica	http://www.nla.gov.au/kinetica/
LIBRIS	http://www.libris.kb.se/
NACO	http://www.loc.gov/catdir/pcc/naco.html
NII	http://www.nii.ac.jp/index-j.html
OCLC	http://www.oclc.org/home/
OCLC PICA	http://www.pica.nl/ne/
RLG (RLIN)	http://www.rlg.org/
SILAS	http://www.silas.org.sg/

● 質疑応答 ●

Q.1： 最初の国立国会図書館からの報告の中で「メタデータの記述要素」という資料を配られたが、どういうふうに使われるかという話がなかった。補足説明をお願いしたい。

A.1（国立国会図書館）： メタデータについてお話ししていませんが、全国書誌に直接これでつくったメタデータを入れていくわけではありません。メタデータは当館の電子図書館の総合目録の枠組みの中でデータを提供していくことになるかと思います。これにつきましては、記述要素に従ってデータを作成することの試行を近く開始する予定です。これでつくられたメタデータを、さらに全国書誌の方に入れていくことも考えております。まだ若干時間がかかると考えておりますが、いずれはそうしていきたいと思っております。

Q.2： 総合目録、NACSIS-CAT あるいは Web-CAT で提供されている総合目録は、全国書誌を補完と書かれているが、もしかしたら含んでいる。あれが日本最大の書誌データベースであり、そういう機能を持っていると思う。全国書誌とは集中化のセンターでつくられるわけだが、それだけでは不可能だ。いろいろな形で補足するサブシステムがあって、それ全体が一つの全国書誌システムになるようなイメージでとらえた方がいいと思う。

地域資料に関して公共図書館の総合目録が作成されており、特に国会図書館に入っていないような地域的な資料がかなり入力されていると思うが、図書館間の ILL などの形で図書館のみに提供されている。あれが一般に公開される予定、書誌データだけでも公開される予定はあるのか。今の書誌システムとかかわりがあると思うが、伺いたい。

A.2（国立国会図書館）： 国会図書館がつくっている総合目録には、都道府県立のデータが 35 館から提供されており、その各地域でしか持っていない地域資料がかなり入っております。地域資料ということですが、和図書ということでいわゆる文書類は入っておりません。けれども、各地域で出版された出版物は

かなり入っているのではないかと思います。北海道で出版されたものは北海道の地域資料として出ますが、実は岐阜県の人にとっても地域資料だったということもあり、非常に有用だという声はいただいています。

参加館は、平成13年の10月から市町村立図書館まで拡大しましたので512館ですが、データを提供しているのは35館です。検索のみは市町村立まででき、当館を含めて512館でデータを検索できるようになっています。

今後ですが、書誌情報だけでもインターネット上に公開してほしいという声は非常に多く、また当館も公開したいと思っていますが、物流を後ろに控えているので様子を見ないと決断できない状況になっております。データを提供している都道府県立図書館、政令指定都市立図書館へのアンケートの結果、時代の流れとしてデータを公開していく方向にあるという考えはお持ちですが、相互貸借の集中を考えると踏み切れないという声がありました。

Q.3: 宮城県立図書館では雑誌、逐次刊行物をNACSISに登録し、図書を公共の全国総合目録に登録している。持っている資料の違いか、雑誌も大学からの複写依頼等が多い。図書館システムとしては両方公共システムとしてデータの登録の仕方をしていたが、今更新中のシステムでかなり大学システム版を取り入れた。全国の都道府県図書館がすべてNIIに参加して、大学と同じ利用をした場合に、NIIではどのような公開をして受けとめていただけるのか。それとも、公共は別と断るのか。

A.3:（宮澤）　難しい質問ですが、書誌ユーティリティは基本的に資本と同じで、多々ますます弁ずです。ですから、都道府県立などと言わないで、ぜひ入っていただきたいというのが書誌ユーティリティとしての本音の部分です。一方、それらの費用は何で賄われているかと申しますと、国立学校特別会計という予算上の枠で出されているわけです。それの筋論から、それが何で都道府県にサービスしなくちゃいけないんだという言い方をされますと答えに窮します。

＜国立国会図書館がつくっている総合目録についての補足説明＞

　国立国会図書館総合目録ネットワークは平成10年度から開始した事業です。前身はIPA（情報処理振興事業協会）との共同事業、電子図書館プロジェクトの実験の一つで、実験の段階でその有用性を確認して本格的な実施に踏み切り、4年目を迎えています。

　NIIの総合目録と大きく違っている点は二つあります。

　一つめは、国会図書館のつくっている総合目録が書誌ユーティリティの機能を果たしていないことです。大きな目的を図書館協力に置いた相互貸借のツールとしての総合目録であり、目録情報作成の基準があるNACSIS-CATと違い、詳細な基準がありません。各図書館がつくったデータを機械的に共通フォーマットに従って変換し、集め、一つのデータベースをつくって書誌同定を行い、人の手がかからないように目録作成をします。ということで、書誌データの中身は、標準化を図りつつも統制して整正する形ではないので、データの重複や書誌の割れもかなりあります。現在は総書誌数約1,800万件、そのうち基本書誌と言っているユニークなデータは400万件程度になっています。

　二つめは、データの投入は和図書に限っていることです。図書館間貸出のツールであること、図書館間貸出に有用性のあること、各図書館がデータを完全につくっているものを入れるということで、和図書に限っています。しかし、何が和図書に当たるかについて細かい協定等をつくっておらず、和図書か逐次刊行物かの部分は各図書館に任せてやっています。

　不十分ではありながら、公共図書館間で相互貸借のツールとして使えるということと同時に、書誌作成のツールとしても使えるという声をいただいており、そういう意味で、書誌データの標準化が今後の課題になると考えています。

閉会挨拶

安嶋　和代
（国立国会図書館図書部図書整理課長）

　本日は、「第2回書誌調整連絡会議」にご参集いただきましてありがとうございました。今回は、「書誌コントロールの課題」をテーマに、根本先生と宮澤先生に講演をお願いしましたが、根本先生からは、書誌コントロールの概念、体制の枠組み、さらには当館の書誌コントロールの課題に至るまで、大変示唆に富んだお話をいただきました。また、宮澤先生からは、書誌ユーティリティとナショナルライブラリーの書誌コントロールの比較等を踏まえ、両者の協力関係の課題を具体的な事例をまじえてお話をしていただきました。お二人の先生からいただきました課題につきましては、これから書誌コントロールを進める上で肝に銘じて受け止めてまいりたいと思います。

　このところの技術革新、通信技術の日進月歩のなかで「情報提供」を取り巻く環境の変化が激しく、書誌情報のあり方についても将来の見極めが困難な時代に直面しています。これから先をどう見通していけばよいのか戸惑うばかりです。つい、「人間の弱点の中で最も始末の悪いことは、将来を見通す能力を持ち合わせていないことだ」（イヴォ・アンドリッチ）を思い出してしまいます。

　このような中で、ちょうど1カ月前に、宮澤先生のおられる国立情報学研究所を中心にいろいろな機関との共催で（当館も共催という形で参加しました）「ダブリン・コアとメタデータの応用に関する国際会議」が、アジアで初めて日本で開催されました。この会議の活況を目の当たりにしまして、新たな課題に対しても関係者の連携で一歩一歩着実に対応し成果をあげていることが実感できました。どのような環境下でも、関係者が集まって協議し連携を深めていけば、状況の変化に対応すべき術を見出せるのではないかと勇気づけられる思いがいたします。

　当館はすでに広報していますとおり、来年10月に関西館がオープンし、国際子ども図書館とあわせて三館体制でサービスを行ってまいります。先ほどの当館からの報告にもありましたように、この三館体制を踏まえ、来年4月に機構を一

新いたします。この機構再編によりまして書誌作成部門は「書誌部」として立ち上がりますが、この書誌部のなかに書誌コントロールを担当する「書誌調整課」が誕生いたします。先ほど根本先生のお話の中で「bibliographic control」は「書誌コントロール」か「書誌調整」か、その解釈の変遷をうかがっておりまして、「書誌調整課でなく書誌コントロール課と言った方がよかったのではないか、ちょっと将来を見通す術がなかったかな」と、思わず課の名称に思いをめぐらせてしまいました。いずれにしましても、新しく発足する書誌調整課のもとで、一層、書誌の標準化を図るべく書誌コントロールの具体化に努めてまいります。そして、引き続き関係者の皆様と連携を深め協議をしつつ、書誌コントロールのあるべき方向を見極めてまいりたいと念じております。どうか今後とも忌憚のないご意見を賜りますようよろしくお願いいたします。

　本日の「第2回書誌調整連絡会議」も、皆様のご協力を得まして実りあるものとなりました。今回の成果を次回に引き継ぐことができますことをご参集いただきました皆様に感謝申し上げ閉会のご挨拶といたします。

視覚障害者その他活字のままではこの本を利用できない人のために、日本図書館協会および著者に届け出ることを条件に音声訳（録音図書）及び拡大写本、電子図書（パソコンなど利用して読む図書）の製作を認めます。ただし、営利を目的とする場合は除きます。

EYE LOVE EYE

第2回書誌調整連絡会議記録集
書誌コントロールの課題

定価：本体900円（税別）

2002年7月1日発行　　初版第1刷発行©

編集　　国立国会図書館
発行　　社団法人　日本図書館協会
　　　　〒104-0033
　　　　東京都中央区新川1-11-14
　　　　Tel 03-3523-0812
印刷　　中央印刷株式会社

JLA200218

ISBN4-8204-0212-9 C3300 ¥900E